JN011241

なりゆきを生きる

「うゐの奥山」つづら折れ

玄侑宗久
Genyu Sokyu

筑摩書房

なりゆきを生きる——まえがきに代えて

このところ世の中では、想定どおり事が進まず慌てるようなことが多い気がする。なによりそれは、想定することが当然で賢明だという考え方のせいではないだろうか。子供たちが「てるてる坊主」を作らなくなって久しいが、コンピューターによるシミュレーションや検索が一般化したことが大きいのだろう。

しかし予測に反することが起きたときのショックは、当然だがなにも想定していない場合より遥かに大きい。天候なら黙って随《したが》うしかないわけだが、行為については「ブレない」などと言って最初の想定に拘《こだわ》ろうとする。力んで言明したりすると尚更、それを変更できなくなって苦しんだりするのである。

時にはそんな態度が責任感として認められることもあるから厄介なのだが、大抵は意地が自分を苦しめることになる。二度、三度と予想外の結果が続くと、それで完全に萎《しお》れてしまう人々もよく見かける。しかしそれでも想定することじたいは止めないというのが、現代の日本社会の特徴ではないだろうか。

思い定めた不自由な心をそのまま押し通し、たまさか何とかなってしまった場合、それが「志」などと誉められることもある。しかし日本語の「こころざし」はあくまで「心刺し」か「心指し」、どちらにしても自由すぎる心を動きにくく不自由にすることだ。「志」でなんとかなる相手はたかが知れていて、自然災害はむろんのこと、人との関わりもこちらの勝手な志で進めるわけにはいかないのである。

「なりゆき」という言葉はいい加減で定見のない在り方を批判的に言う場合にも使われるが、本来は逐一変化するプロセスも踏まえた正確な現状のことだ。生きるのにこれほど大切なものはないはずだが、常に更新する負担があまりにも大きいため、諦めて「なりゆき」という言葉じたいを貶《おとし》めることにしたのだろう。

所詮《しょせん》欲望にまみれた不完全で固定的な目標など持たずに、「なりゆきを生きる」しかない、そう痛感したのはやはり東日本大震災のあとだった。押し寄せたのは津波だけじゃなく、私の周囲にも予測しなかった人の動きが無数に起こった。復興構想会議への出席要請をはじめ、県内の子供たちを支援する基金の理事長に、という話も来た。檀家さんで自殺する人も多く、忙しかったたし、そんな役など自分の人生に想定したこともなかったから、本当に迷った。しかし呻吟した挙げ句、私はまるで高波に抵抗するのをやめて身を任せるように、求められた要請をみな引き受けることにしたのである。女房の賛同もあって決心がついたのも確かだが、溺れかけたら脱力して水に逆らわず水底まで流される、そんな気分だったのかもしれない。

「自分らしく」などという考え方はそのときいかにも「狭い了見」に思え、決壊する堤防のようなものだと思ったものだ。

自我の輪郭とか責務、などという手前勝手な自己規定から解放された状態は、じつに自由だったのだろう。後に『祈りの作法』や『光の山』、『無常という力』などとしてまとまった原稿の執筆もあり、物理的には信じられないほど忙しかったのだが、「なりゆき」に身を任せようと思った途端に全身から余計な力が抜け、求められることを求められるままにテキパキこなしていけたような気がする。

じつは二〇〇七年秋、NHK「知るを楽しむ」に出演した時のタイトルが「「なりゆき」を生きる」だった。すでにその頃からそう考えてはいたのだが、震災後の生活でいよいよ確信を得た次第である。

そういえば私の大好きな『荘子《そうじ》』にも、「成心《せいしん》」という「志」のように停滞した心を否定する次の一節がある。

夫《そ》れ其の成心に随《したが》いてこれを師とすれば、誰か独《ひと》り且《は》た師なからん

つまり人は、状況のなかで出来てきたその時々の心にこそ随うべきで、予《あらかじ》め決めてある固定的な心（成心）などを奉るからおかしなことになるというのである。

禅もまた、未来を憂えず過去を悔いるな、と言うが、先が見えないまま而《しか》も変化する心のままに進むというのは相当に勇気が要る。しかしよくよく考えれば我々はそれしかできないし、それこそが人生ではないか。

この本に収めた文章は、その意味ではここ七、八年のなりゆきを生きた結果のようなものだ。何かが起こったそのつど、「うゐの奥山」を登って越えるように一心に「なりゆき」に向き合ってきた。震災後の福島県のことやお寺の普請、あるいは土壌改良などに絡むその時々の驚きや気づきなど、読者の皆さん自身のことではないわけだが、川口澄子さんの秀逸な絵を入り口に面白がって同道していただければ嬉しい。

先にも申し上げたように、「なりゆき」は刻一刻と変化する。二、三年前にできたこと

が今も可能とは限らない。また我々は、計画性を完全に捨てるわけにはいかないし、そうすべきでもないだろう。要はストレスフルな日々の折々に「なりゆきを生きる」と覚悟し、すべてを受け容れることで自在に動きだす心を一時的にでも感じとってほしい。計画の実現などより遥かに豊かな時間になることは間違いない。

無《む》一《いち》物《ぶつ》中《ちゅう》無《む》尽《じん》蔵《ぞう》　花有り月有り楼台《ろうだい》有り

これは蘇東坡の詩の一節だが、「なりゆき」に身を任せ、守るべき自己などなくなったときの豊かな時間である。過ぎ去った時は予測もしなかったことの連続だが、なぜか今もキラキラ耀きながら甦《よみがえ》る。それで充分だし、上出来ではないか。

なりゆきを生きる

目次

なりゆきを生きる

「うゐの奥山」つづら折れ

装画・本文イラストレーション　川口澄子
装幀・本文デザイン・組版　山原　望

一　みんな同い年

「うゐの奥山」というタイトルで連載することになった。これはご承知のように、「いろは歌」に出てくる言葉である。

「いろは歌」は、もともと「夜叉説半偈《やしゃせつはんげ》」(「無常偈」ともいう)という死を説いた短いお経を訳したもの。当然、この歌も死について歌っている。訳者は不明だが、同じ音を二回使わず、ここまで見事な歌にしてしまったのは神業と言うしかない。平安時代後期と思われるが、当時の成熟した日本文化の秀華とも言えるだろう。

色は匂へと散りぬるを　我が世誰そ常ならむ
有為の奥山けふ越えて　浅き夢見し酔ひもせす

ここで「有為の奥山」は、人生といった意味合いで使われている。歌の後半は死にゆく本人にとっての死の描写で、山を登るように有為の世界を生きてきたけれど、とうとう頂上を越えてしまい、「無為自然」の状態に突入したというのである。

当時の人々、いや少なくともこの訳者は、老荘的な価値観をもち、有為よりも無為のほうがいいのだと思っているのは間違いない。そしてあらたに突入したその世界から顧みれば、この世での時間は「浅き夢」や「酔」った状態のようにも思える。しかし今や「無為自然」になり、世界は明らかに見えているのだから、今後は浅い夢も見ません、酔っぱらいもしませんと、死に行く本人が宣言しているのである。

死んで目覚めるまえに、人は誰しも何度か目覚めと言える体験をするはずである。お釈迦さまは生前に目覚めてブッダ（大覚）になったわけだが、それほどでない目覚めは、凡人でも体験する。

先日、百歳と五カ月という日野原重明先生と対談する機会があった。先生が、あと四、五年先まで講演の約束が入っているとおっしゃり、私は思わず笑ってしまった。はっとし

たその直後、私だって同じじゃないか、と思った。二年後のことなど何の保証もないのに、講演の予約が入っている……。考えてみれば百歳の日野原先生と私と、どちらが先に山越えするのかは誰にも分からないのである。

そうか、そうだった。博多の仙厓《せんがい》さん（一七五〇～一八三七）はそういえば晩年、よく「みんな同い年」と書いた。老少不定とはまさにそのこと。誰もが横一線なのだ。

昨年起きた東日本大震災では、老いも若きも、二万人ちかい人々がいっぺんにいなくなってしまった。年齢に関係なく、一気に死に年を迎えてしまったのである。

死に年から見れば、たしかに「みんな同い年」なのかもしれない。しかし私たちは、いつまで経っても、死者はそのときの年で憶《おも》いだすし、憶いだすと、自分もその時の年齢に戻るような気がする。有為の奥山に入った無為の亀裂。浅い夢は「みんな同い年」を忘れるために見るのではないか。

（二〇一二年四月）

※日野原先生はこの原稿掲載から五年三カ月後に逝去された。もしかすると、「四、五年先まで」の約束は果たして逝かれたのかもしれない。

二　不自由ゆえの飛翔

三月から四月にかけて、いたく体調が悪かった。左手の小指と薬指が痺《しび》れだし、整体や鍼、整形外科のお医者さんにも診てもらったのだが一向に改善しないのである。

本堂でお経をあげるとき、木魚は右手で叩くが、左手でも大きな磬《かね》を打たなくてはならない。しかしその「棓《ばい》」が持ち上がらない。それどころか、キーボードを叩くのも不自由なのである。

そのうち、ある治療をきっかけに左腕は全く上がらなくなった。服が脱げず、したがって風呂にも入れず、二晩ほとんど眠れなかった。

そんなとき、「名人がいる」という紹介があり、県内だが遠い伊達市まで、副住職に運転してもらって出かけてみた。

対面したS先生は、完全な盲目であった。副住職に手伝ってもらってようやく服を脱ぐと、S先生はよく響く声で自然に話しながら、両手の指先を裸の上半身に丹念に這《は》わせていった。十三、四歳で視覚を失ったS先生にとって、おそらくその触覚は、常人の感覚からは想像もつかないほど敏感なのだろう。ひとしきり背中全体を触診しおえると、これまで誰も指摘しなかった問題点をズバリ言ってくださり、そして時間をかけて鍼を打ってくださったのである。

その二日後だったと思う。たまたま辻井伸行さんのピアノコンサートに行く機会があった。辻井さんといえば、これまた全盲のピアニスト。二〇〇九年にアメリカ、テキサス州で開催された「第十三回ヴァン・クライバーン国際ピアノ・コンクール」で日本人初の優勝を果たして以来、世界各地で絶賛を浴びつづけている。

今回は被災地応援ツアーと銘打ち、かなりハードなスケジュールで岩手、宮城、福島から秋田まで演奏して廻る予定だが、万雷の拍手に応えてアンコール曲を四曲も演奏し、その合間に彼は言った。

「被災地のために何ができるか、いろいろ考えましたが、結局僕にはこれしかできないんだと気づいたんで

す」

それは謙虚でありながら、自信に満ちた言葉にも聞こえた。そして私は、すぐさまS先生の穏やかだが自信に溢れた風貌を憶いだしたのである。

自分の出す音に耳を澄ませながら、辻井さんはモーツァルトやベートーベンにその体を貸しているとさえ思えた。S先生の指先もまた、音と触覚と鍼で私の体を調律していったのだろう。

目が見えないことで、彼らの日常にはどれほどの不自由があることだろう。しかし二人の「名人」は、おそらく何度も「これしかできない」と思いなしてその道を深めていったに違いない。いわば不自由ゆえに、ここまでの飛翔がありえたのだと思う。

お察しのとおり、その翌日、私の腕の痛みはウソのように消えていたのである。

（二〇一二年五月）

三　花御供

標題の言葉をお聞きになったことがあるだろうか。「はなごくう」と訓《よ》む。原型は、おそらく光明皇后の次の歌の心だろう。

わがために花は手折らじされどただ三世の諸仏の前にささげん

仏さまのためなら、なんとか花も身を捧げるだろう、そう言うのだが、しかし、花はむしろ恋人に捧げられたのが先だろうか。岡倉天心は『茶の本』のなかで「原始時代の男は恋人にはじめて花輪を捧げることによって、獣性を脱した」と書いている。またネアンデルタール人の遺跡からは、一面に花を敷き詰め、その上に埋葬したと思える遺体が見つかったため、彼らは葬送文化を持っていた、あるいは宗教を持っていたとさえ言われる。誰のためであれ、とにかく花を捧げることは人間にしかできない文化なのだろう。

今年も満開の桜に見送られて逝った人がいた。

これまで、高齢の方を見送るときは、花吹雪と共に去るなんて、こんな仕合わせなことはないと思ってきたし、そう話してもきた。

しかしいかんせん若かった。まだ還暦である。枕経をあげたご遺体には独り苦しんだ痕《あと》も感じられた。振り向くと、明るいガラス戸の向こうには淡い紅をおびた雲の如き満開のソメイヨシノ……。

戒名には「散華」と入れ、五十歳を過ぎれば寿命なのだと自らも納得しようとした。しかしその死は、桜の花のように命を終えたあとの安らかな散華とは思いにくかった。突然のくも膜下出血である。

花には椿やノウゼンカヅラなどのように、花じたいの寿命が尽きるまえに散る花もある。誰が始めたのかそれを水盤に浮かべ、まだ残る命を愛でることもある。しかしそんなことを思うと、未練がさらに募ってくる。

私は岡倉天心の「花御供」についての一節を憶いだした。「花は人間のように臆病ではない。花によっては死を誇りとするものもある」。天心はすでに切腹した千利休のことを想っていたのだろう。

しかし、そうなのだ。死者はすでに悩み苦しんではいない。花の景色も、束の間の娑婆の華やぎではないか。

初めて花を活けたのは僧侶だったと言われる。まだそのまま生きられるはずの花を切り、それを「活ける」と表現するのだ。お花の宗匠たちは、その後で萎れた花を川に流したり、土に埋めたりしてその霊を弔うが、葬儀における故人も、やはり花、花御供ではないか。

三十歳を少しすぎた息子さんは、父親の死が、まだ受け入れられないと挨拶した。しかし花は、そんなことに関係なく散るから花なのである。

（二〇一二年六月）

四　五重塔の意地と祈り

いったいこの国にはどうしてこんなに五重塔が多いのだろう。私が確かめた寺社のものだけでも国宝十一基、重文十四基を含め、全部で四十七基ほどある。単なる観光用の塔も入れると数は倍以上に増える。

本来、あれは仏舎利塔であり、インドでは饅頭型だった。それが漢代に中国に伝わって以後、木造でも造られるようになり、やがて三重や五重の層塔型のものが現れる。

日本には朝鮮半島を通過して伝播したのだが、現在は中国に一基、韓国にも一基だけ残っているにすぎない。ところが日本では、こう言っちゃ失礼だが、雨後の竹の子ほども林立した。禰子《ねこ》も釈子《しゃくし》も、つまり仏教寺院だけでなく神社にさえも、次々に建てられたのである。

いったいこの地震国でどうしたことだろう。しかしつらつら考えると、あるいは地震国だからこそ建てたのではないか、とも思えてくる。

一度建てられ、これまでに無くなった五重塔を調べてみると、どうやら五基あるのだが、地震で倒れたものは一つもない。取り壊されたものが一基、火事で燃えたものが四基で、そのうち幸田露伴の小説『五重塔』のモデルとされる東京谷中天王寺の五重塔は、関東大震災や東京大空襲でも無事だったのに、なんと一九五七年の「放火心中事件」で焼失している。五重塔を道連れに、というのだから、じつにゴージャス、いや、不埒《ふらち》な心中である。

ともあれ、この五重塔という代物は、落雷や火事には弱いものの、地震には極めて強いようなのである。京都で最古の木造建築とされる醍醐寺の五重塔は、一九九五年の阪神淡路大震災でもわずかに漆喰の壁がはがれただけ。東日本大震災でも、青森、岩手、宮城、福島にある五重塔のすべてが無事だった。

近頃は、建築家たちがその免震のための「柔構造」に注目し、「これぞ免震構造の教科書」と驚嘆しながら研究しているが、その構造の全てが明らかになったわけではない。しかし解明しきれないとはいえ、おそらく五重塔は、地震ではけっして倒れないという自信

に裏打ちされているのである。

倒壊して人が圧死するような可能性のある建物を、お寺や神社が建てるはずがない。五重塔は、いわば地震への不敵な挑戦状なのである。

東日本大震災の最中に建設中だったスカイツリーも、じつに淡々と工事を続けた。五重塔の柔構造を真似たとされるあの塔にも、相当の自信が窺える。周辺の被害をよそに、計画を変更する様子もなく、気がついたら出来上がっていたのである。

私は日本人のこのような営みに、地震国に住むがゆえの意地と祈り、そして祈りが生んだ技術の蓄積を感じる。頼もしく、またじつに誇らしいではないか。


（二〇一二年七月）

五　ご先祖さまもお元気で！

このところ何件か、改葬の法要が続いた。改葬、つまりうちの墓地に埋葬されていたお骨を、どこか別な場所に移動するための法要である。「転座供養」とも呼ぶ。場合によっては唐櫃《かろうと》（石室）式の納骨堂に納められたお骨なら取り出すのも簡単だが、土中に骨壺が埋まっていたり、なかには土葬で葬られたケースもある。掘り起こす石屋さんも大変である。

今日の改葬では、七十代半ばと思える石屋さんがやってきた。午前中、汗みずくになって掘り起こし、骨壺一つを掘り当てたのだが、「あと何人分欲しいんでしょうねぇ」と私に訊《き》きにきた。

「さぁ」と正直に首をひねり、居並ぶ墓石を憶いだした。「一応、全部改葬っていうことなんですけどね。出ませんか？」「ないね。ずいぶん掘ったし、土の中を刺して探ってみたけど、当たらないよ」

骨壺がないとなれば、おそらく土葬なのだろう。その場合は一間（約一メートル八十センチチ）ほど掘ってあるはずで、もう骨として形が残っていない可能性が高い。石屋の親父さんの余力も推測し、私は「じゃあ土しかないですね」と提案した。すぐに「そうですね」ということになり、親父さんは出てきた骨壺と同じ大きさの壺に土を入れたのである。

午後からやってきた施主は、その墓地に最後に埋まった人の娘さんだった。娘さんといってもすでに八十歳。同道してきたのは四十代とおぼしきその娘さんである。

自らは他家に嫁ぎながら、これまで生家の先祖の墓だけは守ってきた。しかしさすがに夫の埋まった嫁ぎ先の墓地と両方を守っていくのは辛くなったということだろう。自分がまだしっかりしているうちに両家の先祖を合葬する算段で今回の改葬になったのである。

「あら、これじゃ持てないわ」

これが八十歳の施主の、お経を終えたあとの最初の言葉だった。なるほど、四十代の娘さんが一つだけ抱えて新幹線に乗るのがやっとだろう。思案の結果、分骨用の小さな骨壺に土は入れ直し、ようやく持ち帰り可能になった。

それにしても、と私は思う。それにしても日本人のお骨へのこだわり方は面白い。これだけこだわるのに、土でもかまわない。あの土に何人分の先祖を入れ込んだことになるのか、そんな細かいことは気にしないのだろう。

母娘は本尊さまに深々とお辞儀し、「ご先祖さまたちが長々お世話になりました」と言ってお骨と土を抱えて出ていった。思わず私も、長逗留していた下宿人の就職を祝うような気分で、晴れやかに二人を見送ったのである。

ああ、人は生者のみにて生きるにあらず……。ご先祖さま、これからもお元気で！


（二〇一二年八月）

六　人権、この厄介なるもの

人権とはいったい何だろう。犬や猫には寡聞にして「犬権」や「猫権」があると聞いたことはないが、人間だけにはこの特別な権利が認められているらしい。

最近はタバコを嫌う権利が「嫌煙権」として正式に認められたかに見える。「喫煙権」は風前の灯火だが、これはお互いに尊重し合って共生、というわけにはいかないのだろうか。たぶん「嫌う」という権利が認められた以上、それに伴う優劣や是非という個人的判断まで肯定されたのだろう。それも含めて権利として認められた気になるのではないだろうか。

最近のネット上では「嫌犬権」という権利が取り沙汰されている。愛犬家が聞けば驚くだろうが、世の中には

それほど犬が苦手な人もいるというだけでなく、そこには愛犬家への憎しみさえ絡んでくる。それは深読みすれば、犬を愛する人を犬と同時に憎む権利なのである。

今のところ、まだ「嫌犬権」は法的には認められていない。犬猫などのペットを飼うことが「公共の福祉に反する」とは思われていないからだが、これとて今後どう変化するかわからない。タバコだって風邪の予防薬として珍重された時代もあったのである。

犬でもタバコでも、それを「好む」ことと「嫌う」ことは対語のように見えるが、じつは相当に違う。「好む」側は「嫌う」側を余程でなければ嫌わないのに対し、「嫌う」側には常に「好む」人々への弾劾の気分が伴う。そして嫌うのに努力は不要である。

さまざまな人権を発生させる日本国憲法第十三条を見てみよう。

「すべて国民は、個人として尊重される。生命、自由及び幸福追求に対する国民の権利については、公共の福祉に反しない限り、立法その他の国政の上で、最大の尊重を必要とする」

なるほど大切なことのように聞こえるが、幸福追求が欲望にならないか、また「公共の福祉」の基準とは何なのかが大問題である。

東日本大震災による原発事故以後、福島県民の多くは放射能を嫌う権利を問題にしたいと思っている。「嫌煙権」が認められるなら、基地の騒音や放射能を嫌う権利だって当然認められるはずではないか。

しかしそうしないのは、「嫌う権利」ではなにも解決しないことを知っているからだろう。中間貯蔵施設が決まらないのも、瓦礫《がれき》処理に反対運動が起こるのも、みな「嫌う権利」のせいだ。

権利は義務とセットであることも、忘れてはならないだろう。「嫌う権利」そのものが「公共の福祉」を脅かすことも充分あり得る。

人権は厄介である。「嫌う権利」はなおさら厄介だ。困ったときだけ国家にお借りする金看板のようで、どうも好きになれない言葉なのである。

（二〇一二年九月）

七　忌み詞

今でも受験前の人など、「すべる」「おちる」といった言葉は忌み嫌って使わないのではないか。使わないどころか、聞くのも見るのも嫌だから、もうここで読みやめる人もいるかもしれない。

植物の葦は、「あし」が「悪し」に通じるから縁起でもないと、「よし」と呼ばれてややこしくなった。「ヨシ（葦）」と「アシ（葦）」が別な植物だと思い込んでいる人は、案外多いに違いない。

スルメをアタリメ、擂り鉢を当たり鉢などと呼ぶのもこの類だが、日本人はそれだけ言葉の力（言霊）を信じていたのだろう。

その時代独特の忌み詞というのもある。第二次世界大戦中には、全ての英語が敵性語として忌避されたから、英語そのものが忌み詞になった。アメリカ由来の野球など、その存続じたいが危ぶまれたが、ストライクは「よし一本！」、アウトは「だめ」と言い換え、選手も「戦士」と呼び、敢闘精神を強調することでなんとか生き残った。いまの野球やアメリカ文化の隆盛を見ると、隔世の感がある。

　また鎌倉時代、斎宮《さいぐう》だけで使われた「斎宮忌詞《いみことば》」というものがあり、これが大変興味深いのでご紹介したい。斎宮とは、即位する天皇のために伊勢神宮で奉仕する女官で、たいていは未婚の内親王などが選ばれた。川原で禊ぎし、その後野々宮と呼ばれる建物に一年間籠もって潔斎するのだが、その間の忌み詞だから厳重である。

　神に仕え、無事の即位を祈るため、不浄な言葉は無論のこと仏事にまつわる言葉も言い換えられた。例えば「死ぬ」は「直る」、「病」は「やすみ」、「寺」は「瓦ぶき」、「塔」は「あららぎ」、「墓」は「つちくれ」、「経」が「染紙」という具合である。

　じつに涙ぐましい努力だが、なかにはなんとも不思議な言い換えがある。「僧」は「髪長」と呼び、「仏」は「中子《なかご》」と言うらしいのだ。
「髪長」は紛らわしすぎる気もするが、それより不思議なのは「仏(仏像)」の「中子」である。一説によれば、仏像は必ずお厨子に納まっているから、「その中の子」ということらしい。

『徒然草』の兼好法師は、第二十四段でそのような慣習を批判するのではなく愛でている。曰く「斎宮の野宮におはしますありさまこそ、やさしく面白き事のかぎりとは覚えしか。「経」「仏」など忌みて、「なかご」「染紙」など言ふなるもをかし」。法師はその後、神社そのものの風情も愛で、心惹かれると述べている。

忌む側が自ら退くこのような文化的工夫を、法師は神仏を超えて優美だ、趣があると讃えるのである。

言い換えたうえでその存在自体は認める、受容するのが忌み詞だとすれば、「ゲンパツ」は受容されないのだろうか。「ゲンバク」と言い間違える人はいても、まだ言い換えた呼び名は聞いたことがない。

（二〇一二年十一月）

八　風邪の効用

たまには風邪も引いたほうがいいと、『風邪の効用』（ちくま文庫）を説いたのは野口晴《はる》哉《ちか》だった。彼は十二歳で関東大震災に遭遇し、このとき本能的に手をかざして治療した経験から治療家をめざし、やがて野口整体と呼ばれる独特の整体法を完成させた。が、ここで申し上げたいのはそんな大層な話ではない。要は風邪を引くと『風邪の効用』を憶いだす、それだけのことである。

せっかく引いたのだから効用を考えたい、という逞しい発想だが、じつは風邪を引くのは、内心で引いてもいいと、気を許した結果なのではないか、そんな気がする。数年ぶりで今回はいったい何に気を許したのか、と考えると、金沢での夢のような時間が甦る。

十月に金沢の「鈴木大拙館」で開館一周年記念の催しがあり、参加したのだが、たまたまそのまえに京都での講演があって金沢入りまで中一日あいた。じつにいい温泉宿があるというので、一日早く金沢入りしたのはよかったが、深谷《ふかたに》温泉の元湯石屋という宿がなんとも気を許させる宿なのだ。まず行基菩薩が発見したというそのお湯が凄い。地中に堆積した植物から沁みだすというお湯は琥珀色、いや酸化してむしろ黒に近い。北海道にも同じようなお湯があるというが、私は初めてだった。初めて、というのはやはり嵌《はま》るものだ。昼日中《ひるひなか》からいったい何度入ったことだろう。しかも食事がまた旨い。器も美しいし、酒もいろいろ揃っている。仲居役の新人青年がまた好ましいのだ。

極め付きは石屋さんの会長さんである九十六歳の妙好人《みょうこうにん》である。妙好人というのは鈴木大拙翁の著書に描かれるが、いわば浄土真宗ならではの確たる信仰をもつ市井の生活者である。

店の歴史や宝物の解説を聞き、二つもある能舞台を案内していただき、またご本人が子供の頃の校長先生のことまで聞いているうちに、私はえもいわれぬ感動を味わった。そしてひょいと立ち上がった会長さんは突然私の前からすばやく走り去り、やがて「お風呂、入ってください」と女房と二人分のタオルを持ってきてくださったのである。

翌朝、ご本人から「昨日は熱があってぼ〜っとしてて失礼しました」と弁明された私の驚愕を想像してみてほしい。あなたは三十八度六分の熱があってなおかつ廊下を疾駆する九十六歳をご存じだろうか。

私は温泉や料理やお酒ですっかり油断し、気を許した状態で、なんと疾駆する九十六歳の妙好人を見てしまったのである。これは風邪が感染《うつ》ったなどというセコイ話ではない。

内心、そのときの私はそれを望んでさえいたに違いないのだ。

さほど症状も出ないまま、「大拙館」での講演・シンポジウムは無事に終わったが、寺に戻った翌日に私は寝込んでしまった。

数年ぶりの風邪の効用は、今のところ何だったのかまだよく分からない。ただ快癒した今も、会長さんの疾駆する姿がしばしば瞼に浮かんで仕方ないのである。

（二〇一二年十二月）

九　『菊と刀』と「両行《りょうこう》」

この国の人々は、昔から両極端なものを併用するという変わった性癖をもっていたような気がする。

中国製の漢字（真名）と創案した独自の仮名を両方使うのもその一例だが、仮名も平仮名だけでは済まず、片仮名を併用している。瞬時に音声に変換される仮名は音声言語、一方の漢字は絵として脳内で認識される。この双方を使う民族は世界的にも珍しいらしい。

武家と貴族は、むろん今の世の中にはいないけれど、じつに永い間この国に君臨しつづけた。ヨーロッパなどでは両者に区別はなく、貴族の子弟が騎士になる。そう考えると、武家と貴族が永く「両行」したことも、日本ならではの事態といえるだろう。

庵や方丈など、コンパクトで無欲な生活形態が讃美される一方、日本人は勇壮な城郭建築も産みだしてきた。これは「わび」「さび」を愛しながら、一方で「伊達」や「バサラ」を産みだした心性にも関係しているのだろう。

和様と唐様、意気と通、さらには義理と人情、本音と建て前など、日本人は何事も一本化せず、両極端の価値観を見据えながら暮らしてきたのである。

城郭に関わる人と、庵に住む人は、別人である。バサラと「わび」も個人的には両立はできない。そんなふうに、全体としては両極を含むけれど、個人としては片方を選び取る、あるいはどちらかに決まっているというケースもたしかにある。

しかし義理と人情、本音と建て前のように、個人のなかで両方が常に鬩《せめ》ぎ合うということも少なくない。義理も人情も、どちらか一つで生きることは不可能だし、どうやら日本人は本音だけでなく建前も必要だと考えているようだ。

アメリカの民俗学者ルース・ベネディクトは、『菊と刀』のなかでそのような矛盾を描きだしてみせた。かそけき菊の命を育む心優しき人々が、それを一刀両断にする刀にも敬意を示すことが理解できないというのである。彼女は「全ての矛盾が、日本人にとっては縦糸と横糸になる」と皮肉るが、来日もせずに書かれ

た論考にそれほど感心する必要はない。どだい、矛盾がエネルギーを産みだすこの国の在り方を、彼女は浅薄にしか理解できなかったのである。

べつにベネディクト女史に怨みがあるわけじゃないが、彼女が中国の『荘子』に由来する「両行」を知らなかったことは決定的だと思う。「両行」の国だからこそ仏教の「中道」もすんなり理解された。また両極を認めるからこそ寛容さも生まれるのではないか。

今では原爆を落としたことを正当化するために、政府に依頼されて『菊と刀』は書かれたという説まで出てきたようだが、真偽はともかく、我々はこの「矛盾」ならぬ「両行」の文化に、もっと自信をもとうではないか。

あ、両行だから、むろん自信もたなくてもＯＫです。

（二〇一三年一月）

十　丘にあがった船

久しぶりに気仙沼、女川、石巻などの津波被災地へ出かけてきた。各地ともすでにガレキと呼ばれた元の生活周辺の品々は片づけられ、ガランとした平原が印象的だった。なかでもとりわけ目立ったのが、気仙沼の元住宅地まで運ばれた巨大な船である。いわき船籍のその船は、長さも数十メートルあるだろう。津波によって信じられない場所まで運ばれ、今もほぼ垂直に立ち、支えまで施されている。あらぬ場所に侵入した船は各地で見られたが、今も片づけられていないのはこの船だけだという。

地元では津波の凄絶さを記録するため、そのまま保存すべき、という人々もいるが、いやむしろ復興の妨げ、恐怖が甦るし、亡くなった家族を憶いだすとして、片づけてほしいという人々もいる。

気仙沼の復興屋台村の事務局長を務める小野寺雄志さんに話を聞いた。

「辛い体験が甦る、というのは分かるんですが、船も被害者ですからねぇ」

どうやら小野寺さんは、残すことに賛成のようだ。

以前、ドイツの旧国会議事堂が、建築としては素晴らしい価値があるものの、誰もがそのバルコニーに立ったヒトラーを憶いだすという状況で、クリストというアーティストがなんと建物全体の梱包を実現した。一旦梱包されることで建物は生まれ変わり、人々も気持ちに区切りをつけて新たな目でその建物を見るという目論見だった。

そんなことを私が話したら、小野寺さんがそう呟いたのである。

なるほど、ヒトラーと津波は、同じように甚大な被害をもたらしたけれど、国会議事堂と残された船の立場は微妙に違う。建物は当時のヒトラーの拠り所でもあったわけだが、船のほうは単に流されてきた立場にすぎない。人はそれを見ても、津波の恐ろしさは思うものの、船に憎しみを募らせることはないだろう。

そういえば、インドネシアでは船をそのまま残し、あまつさえツナミ記念館まで作って客を呼び込んで

いる。どうなのだろう？　日本人、いや少なくとも東北人は、そこまでの逞しさじたいを、潔しとしないのだろうか？

よくは分からないが、復興とはいえ、人の考え方はいろいろでそう簡単に事は進まない。平原と化した海岸近くの土地では、嵩上げしないと建物は建てられない。しかし土地の権利の問題などでまだまだ着工できないため、全体工事を待てない人々が、雪のなかでも自分の土地だけダンプを動かし、嵩上げ工事を急いでいた。

多くの人々のもどかしさを、「丘にあがった船」が象徴しているようだった。尤《もっと》も『方丈記』で鴨長明は、すぐに新しい建物に建て替える人々は、死者のこともすぐに忘れてしまう人だと書いている。もどかしさこそ、被災者たちの誠の証なのかもしれない。

（二〇一三年二月）

※この船は、二〇一三年九月九日より解体され、撤去された。

十一　効率と和合

先日、奄美大島に行く機会があった。温かさもさることながら、仕事のやり方の違いに感じ入ってしまった。

空港に迎えに来てくれたのはホテルの女性スタッフだったのだが、彼女の運転する車でホテルに着くと、四十代と思しき男性が迎えてくれた。どちらもスーツではなく、少し気楽な服装だったと思う。

ロビーの椅子に坐って待っていると、先ほどの男性がお茶を運んできてくれた。愛想のいい彼は、館内の説明もしてくれ、近くの観光スポットやこの季節の天候などについても話してくれた。

夕食に鶏飯《けいはん》という伝統料理をいただき、それから私は原稿の校正の仕事があったため、ホテルまで送ってもらっていたファクス原稿を修正し、フロントまでまた送信を頼みに行ったのである。

そこまでは何もおかしくない。本土にいる場合と特に変わりはなかったと思う。しかしフロントに行くと、そこには先ほどダイニングで話した料理長がいるではないか。いや、料理長しかフロントにいなかったのである。まさか料理長にファクスを頼むわけにもいくまいと、私が逡巡していると、料理長のほうから「あ、ファクスですか。どうぞどうぞ」と声をかけてきた。不思議に思いながらも私は原稿の送信を頼み、かなり恐縮してしまったのである。

しかし翌日にはもっと驚くことが起きた。女房が大島紬を見たいというのでホテル内の展示室を案内してもらったのだが、案内役は前日に空港まで迎えに来てくれた彼女だった。しかし女房の質問に窮した彼女が「詳しい者を呼びます」と言い、来てくれたのは前日お茶を持ってきてくれた男性だったのである。彼はじつに専門的なことも知っており、聞けば以前には大島紬の仲買をしていたという。しかもそれだけでなく、彼こそはそのホテルの支配人だったのである。

夕食後にマッサージを頼むと、またしても空港まで来てくれた彼女ではないか。いった

いこの島には部署という概念がないのかと呆れていたら、翌日行った大島紬の資料館で、いつも数人はいる織り子さんが、今は繁忙期の砂糖黍工場に出かけ、誰もいないという。

よく考えると、これは奈良時代に朝鮮半島から「部の民」と呼ばれる職能集団が入ってくる以前の、「伴《とも》」という日本古来の仕事形態なのである。同じ職種の人が集まれば確かに効率は上がるが、競争意識が強くなりすぎて和合の感覚は薄れる。誰もが入れ替われるこの「伴」の形だと、それぞれの仕事の苦悩も皆が理解し、和合が保たれるのだ。

要は分業の程度の問題である。今の郵便局もそれで悩んでいるようだが、和合のコツはどの程度で分業を止めるかにかかっているのではないか。支配人がお茶を出すなど本土では考えられないが、平気でそれができる人々がいることも、忘れるべきではないだろう。

（二〇一三年三月）

十二　キャンベル先生！

世の中には本当に凄い人がいるものである。

テレビ番組収録のため、ロバート・キャンベル氏を迎えたときのことだ。玄関に立ったキャンベル氏は、通常日本人でもほとんど読めない衝立の文字を、すらりと読んだ。別に私が質問したわけではない。ただ衝立として置かれているのだし、そういう興味を向けるべきものだと、自然に思われたのだろう。こういうのが本当の「教養」というものに違いない。

その文字は「関」で、じつは「玄関」のもとになった禅語である。妙心寺派の管長だった古川大航老師が九十八歳で書かれた練達の書なのだ。亡くなる二カ月前にそれを書いたというのも驚異的だったが、すんな

り読んだキャンベル氏にはもっと驚いた。

度肝を抜かれたまま書院にお通しすると、まず掛け軸をご覧になり、「雪深百福兆」の軸をじっと眺めてから、今度は篆書《てんしょ》で彫られた落款《らっかん》を苦もなく読まれたのである。「無文《むもん》というのはどなたですか?」

それはやはり妙心寺派の管長をされた山田無文老師の書だった。私がひとしきりその説明をしおえると、キャンベル氏がふいにおっしゃった。「百福って、ふきのとうですか」

これには腰を抜かさんばかりに驚いた。しかし仕事もあるのでその場で腰を抜かすわけにもいかず、控えめに仰《の》け反《ぞ》っただけだが、私の内心は大震災以来最大級の動揺を記録していたのである。

通常、「雪深くして百福兆す」といえば、梅の蕾のイメージだろう。深く考えるまでもなく、私はそうだと思い込んできた。しかし言われてみれば、ふきのとうもそうだし、福寿草も水仙もそうではないか。いや、食べられるふきのとうこそ最も喜ばしい福かもしれない。

私は一陣の春風がキャンベル先生のほうから吹いてくるのを感じた。長年の桎梏《しっこく》から解放された気分でもあった。

放映された時間の何倍も私たちは話し続けたのだが、国会議員でも「先生」とは呼ばない私が、本当に自然に「キャンベル先生」あるいは「先生」と呼んでいたのである。それ以外、呼びようがないではないか！

事前に読んでくださった『光の山』（新潮社刊）の読み込みにも驚き、私は驚きっぱなしのまま先生を見送ると、すぐに御著書を注文してしまった。

その晩、完璧な日本語でお礼のメイルをくださったキャンベル先生は、お勧めの落語『あたま山』のアニメヴァージョンが見られるYouTubeのサイトを紹介してくださった。キャンベル先生に会った高揚感と『あたま山』の昂奮とが綯《な》い交ぜになり、その日はなかなか寝つけなかった、と書きたいところだが、じつはよく眠れた。

（二〇一三年五月）

十三　「手入れ」しつづける国

自然の旺盛な生命力を感じる季節である。春先には芽吹きを「めでたい」と喜び、木々の新芽のさまざまな色合いを楽しんでいたのに、もはや「めでたい」どころではなくなってしまった。

田圃や畑や境内からも、草が執拗に生えてくる。庭木からも徒長枝が伸びてくる。徒長枝とはよく言ったものだ。「いたずらに長くなる」枝だから、これは剪定するしかない。また境内の草も、今は根こそぎじゃなく、強風に見せかけて頭刈りしている。そのほうがラジエーター機能を残しながら草がおとなしくなるのである。

思えば我々の髪の毛も、手入れしつづけている。剃《そ》っても剃っても生えてくる髪の毛を、今はほぼ毎日のように根こそぎ剃っている。草引きや剪定よりもよほど頻度は高い。

そういえば昔、やはり住職だった祖父が高齢になって剃髪が面倒になり、頭に卵の白身を塗って乾いた日本手ぬぐいで乾布摩擦のように擦っていたことを憶いだす。そうやって毛根を焼けばもう生えてこなくなると、誰かに聞いて実践しているらしかった。どの程度の効果があったのかは覚えていないが、結局は途中でやめ、その後はおとなしく祖母に疎《まば》らな頭を任せていたような気がする。

自然とつきあう際の基本的な態度がこの「手入れ」なのだし、これはもう仕方ないのだと、祖父も諦めたのではなかっただろうか。

古代の日本人は、「毛」や「木」や「気」をすべて「け」と呼び、その自己増殖力を讃えた。抜いた「毛」から神が生まれ、「木」にも神が宿ると考えたのはそのような「むすび（産霊）」の力を感じたからである。

こうした増殖力（け）が枯れてしまうことを彼らは「けがれ」と呼んで最も嫌った。穢れるくらいなら、旺盛な産霊の力を枯らさないまま、手入れしながらつきあうしかない、ということだろう。

おそらく日本人は、自然の増殖力を敬愛するがゆえに、そのような態度で自然と接しつづけてきたのではないだろうか。

最近は、手入れが面倒だからと銀杏の葉は散るまえに枝ごと伐ってしまう。それどころ

か草が生えないようにコンクリートで塗り込めてしまう。そんなやり方をよく見かける。そこまで行くと、面倒を避けるため、恩恵まで拒否する態度だが、どうなのだろう？

今、日本の沿岸部の防潮堤建設に、その問題が問われているような気がする。そして国が作ったあまりに高い防潮堤は、海の厄介さを排除するために恵みも拒否せよと迫るものではないか。

毛根を焼いて毛が生えない頭はすでに坊さんの頭ではない。同様に、高い防潮堤に覆われた日本は、瑞穂の国ではないのではないか。祖父の出来心は笑えても、こっちは笑えないのである。

（二〇一三年六月）

十四　蛇の目

　このところ、岐阜県にお邪魔する機会が多かった。ひと月ほどの間に三度だから、かなりの頻度である。大興寺さんというお寺での法要と講演、正眼寺夏期講座での講演、その間には岐阜市長さんや中日新聞の小出社長さんとの鼎談もあり、さらには三度のうち二度まで我が三春町の物産展を開いてくださった。本当にありがたいことである。

　岐阜といえば、鵜飼いも有名だが、提灯や蛇の目傘もよく知られている。そういえば街なかでも、大きな蛇の目傘の看板をよく見かけた。

　この模様はいったい何か、と考えてみると、まずどうしても浮かんできたのは禅寺の和尚が描く「一圓《いちえん》

相《そう》」である。

一圓相にはさまざまな意味が付与されているが、なにより圓という造形には、一瞬の停滞もない。圓そのものが制約ではあるものの、描線は一切の惰性を許さず、活発で自由な創造の連続がたまたま圓になるのだ。岐阜県は、臨済王国と呼ばれるほど、臨済宗のお寺が多いから、どこかの和尚さんが傘に圓相を描き、それが蛇の目傘と呼ばれるようになったのではないだろうか。

しかしなにゆえ蛇の目なのか。蛇は古来、大地の神の化身とされる。特に狩猟民族においては、非常に位の高い神として崇められた動物である。これは想像だが、おそらく諏訪大社のように、農耕民族と狩猟民族が出会った際、和合してゆくにはお互いの神を尊重することがまず何より大切になる。蛇の目は、狩猟生活への配慮も忘れないようにという、厳しい眼差しではなかろうか。

狩猟採集生活をしているあいだ、我々の先祖たちに殺人は起こらなかったらしい。そうした悪意は、食糧を蓄積する高床式の倉庫ができ、人間に財産というものができてから発生したのである。

人間の生活はそれから驚くほどに変化し、家どころか土地や海まで所有するようになり、犯罪もどんどん悪質化していった気がする。

私は子供だった頃、未来の人間は傘などという厄介なものは使っていないだろうとよく夢想した。鉄腕アトム世代だから、ボタン一つで大きな空が閉じ、個人が傘をもつ必要などなくなる気がしたのである。

しかし賢明な人間たちは、そうはしなかった。傘はじつに昔どおり、機能と風情とを適度に綯い交ぜて存続しつづけている。

「核の傘の下の平和」という言葉もよく使われたが、あれも今となっては、子供の頃の夢想のように虚しい。

広島、長崎の体験を知ったうえで、なおも核を使うとすれば、それは悪魔の所業である。けっして使わないというなら、空を覆うような危険な傘などもう要らないではないか。持ってしまえば使いたくなる愚かな人情を、蛇の目は涼しげに見つめつづけている。

（二〇一三年八月）

十五　お彼岸とお盆

お盆が済んだと思ったら、もうまもなく秋のお彼岸になる。私が僧侶だからそう思うのかもしれないが、二つの行事がすでに国民的行事であることは確かだろう。

ただ、両方ともお墓参りの時期、くらいに考えている方が多いようだし、少しその本質的な意味を考えてみたい。

昼と夜の時間が等しくなり、太陽が真東から出て真西に沈むのがお彼岸だが、これはもともと沈む夕日の彼方にあるという「浄土」を観想する日だった。

特定のイメージを脳裏に強く想い描く「観想」は、試してみるとお分かりいただけると思うが、価値判断を全く離れた世界に入る。つまり、善悪、美醜、優劣など、ふだん誰もが気軽にしている「分別」が、ビジュアルイメージを追うこと

で発揮できなくなるのである。

そんな状態を仏教では「無分別」と呼び、そこには「無分別智」という智慧が発現するのだと考えている。そしてその状態で眺めた世界を「浄土」と呼ぶのである。

一方、お盆は、表面上はお彼岸と違って死者たちがこの世に戻ってくるとされるが、その場合のこの世はいつものこの世ではない。

俗に「地獄の釜のフタがあく」と言われるが、我々にとって普段は不都合なため無視あるいは抹殺している無数の命たちが、お盆中だけは解放されるのである。

言うまでもなく、我々は通常「私の都合」を最優先してこの世に暮らしている。どんな命も対等だし尊い、だから殺生もしない、などと理想を言ってみても、各種ウイルスや菌、あるいは蚊やアブやハエ、スピロヘータやゴキブリなどに慈愛を注ぐのは、不可能だ。

いや、それどころか、中国でお盆が始まる原因になったのは、どこの子も同じように可愛がればいいのに、それができずに我が子ばかり「えこひいき」してしまう人間の性への認識である。愛情に定量があり、あちらに注げばこちらの分が減ると思い込んだ目蓮尊者の母親が、我が子だけを愛し、「物惜しみ」の罪で餓鬼道に堕ちた。それを救おうと施餓鬼が始まるのだが、そこでは人間が、誰しも「えこひいき」を避けられない存在と考えられている。思えば死者も、日常の市民生活ではどこにも居場所がない。「私の都合」に合わない存在なのだ。だから死者も含め、いつもは顧みられない無数の命に期間限定で「博愛」を注ごう、というのがお盆の主旨なのである。

死者も生者も、ハエもゴキブリも、となれば、これはもうお彼岸と同じ「無分別」の世界ではないか。

じつはお盆もお彼岸も、たまには「私の都合」を離れ、「分別」を休むために設定された特別限定期間。でもこれを読み終えても、またなにか「分別」してるんでしょうねぇ、きっと。

（二〇一三年九月）

十六　朽ちつづける家

九月初旬、原発被災地である富岡町の居住制限区域に行ってきた。私のお寺が所属する京都の大本山妙心寺派の教学研究委員の面々を、ＯＢも含めて十名ほど被災地へ案内したのである。

むろん私が富岡町の詳細を知るはずもなく、本当の案内役は居住制限区域に自宅のあるＳさんである。Ｓさんは現在、三春町の仮設住宅に住んでおり、八十四歳ながらじつに元気なのだ。

田村市都路地区から川内村を通り、富岡町の役場にほど近いＳさんの自宅まで、マイクロバスで一時間半ほどかかっただろうか。

薄暗くなりかけた庭に降りたつと、草も刈られ、庭木も整っている。どうしたのかとＳさんに訊くと、息子夫婦が一週間ほどまえ、今日のために庭掃除に来てくれたのだという。私が時ならぬ里帰りをお願いしたために息子さん夫婦にまでご迷惑をかけてしまった。

Ｓさんが忘れた家の鍵をマイクロバスまで取りに行くあいだ、全国から集まった委員たちは一本ずつ渡してあった線量計を地面に近づけ、あちこちで測っていた。「あ、三マイクロだ」「いや、こっちは四マイクロありますよ」と驚きの声をあげる。さっき川内村を通ったときは、毎時〇・二マイクロシーベルト程度。それが十倍以上に跳ね上がったのだから当然の反応かもしれない。

家に入るとすぐに仏壇に火を入れてお線香をあげ、裏返っていたSさんのご両親と祖父母の写真を前に向け直してお経をあげた。雨漏りのないSさんの家は、約四十日ごとに戻っているだけあってさほど酷い状態ではなかったが、経中、先祖の眠る安住の地を奪われた人々への思いで、喉がうまく開かなかった。

無人の家々が立ち並ぶ住宅街には、放置されたままの車や自転車が何台もあった。どの家の周囲も丈高い草に覆われ、すぐ近くの帰還困難区域のほうはまるで「藪に沈む町」だった。

新しい家も古い家もある。大きな屋敷もあればアパート、コンビニもあった。しかしどこも皆、血流のない死んだ細

胞のようなのだ。常磐線の線路に盛り上がって跋扈する大量の草や低木たち。まるで巨大なオロチのように鉄路を完全に隠している。植物の野生だけがひと連なりに町を覆っているようだった。

元気なSさんではあるが、最近は「腹に力が入らなくなる」と話していた。私にはその腹の力が、生きる気力のように聞こえた。なにかにつけて「朽ちつづける家」が憶いだされ、それが浮かぶと、もう腹から力が抜けて仕方ないというのである。

人は案外、ささいなことを生きる支えにできるものだ。それを奪われた人々の苦悩を少しでも想像できるなら、少なくとも福島県内の全ての原発の廃炉は正式に決めてほしい。オリンピックに使う電力のための再稼働だけは、勘弁していただきたい。

（二〇一三年十月）

十七　節約の代償

最近、友人のMさんに実際に起こったことである。彼は五十代だが、詩吟のリサイタルに誘われ、生まれて初めて詩吟というものを聞いてみようと思い、誘ってくれた人と共に東京行きの観光バスに乗り込んだらしい。

東京まではスムースに行ったのだが、会場も近づいたあるガード下でバスが急に停まってしまった。その時は急停止の理由も説明されず、男性添乗員が慌ててバスの外に出ていくのを見送ったようだ。添乗員はなかなか戻ってこないし、後ろでは長蛇の後続車がクラクションを鳴らしつづける。いったい自分たちに何が起こったのかも分からず、バスの中は一種のパニック状態になったらしい。

後で知らされたというのだが、じつはガード下を通る高さ制限が三・五メートル、観光バスの高さは三・七メートルだったのである。

後続の車が数珠つなぎに連なっているため、バックも転回もできず、むろん二十センチもオーバーしていれば正面突破も考えられない。こんな時、あなたが運転手や添乗員だったら、どうするだろう?

そう。お察しのとおり、誰かが警察に電話したらしい。しばらくするとパトカー一台と自転車で現れた一人も含め、四人の警官たちが道路を封鎖し、次々に車をバックさせ、しまいにはパトカーで先導しながらバスをバックさせてくれたのである。

特に罰金や罰則は発生しなかったようだが、三百メートルほど手前にはちゃんと看板に高さ制限が大書してあった。それを事前に調べなかったバス会社職員の責任はあまりにも大きいと言えるだろう。

しかも、なんとか窮地を脱したバスは、その後会場のすぐ近くまで行ってから、客も不思議がるほど狭い路地に進んだらしい。Mさんは後付けの一般車用ナビの案内のせいだと疑うのだが、とにかくそうしてしばらく進むと、突然路上駐車の車が行き先を塞いでいた。むろん東京のことだから、後ろにはもう後続の車が繋《つな》がっていた。

ガード下の時には運転手たちに同情する声もあったらしいが、これにはさすがの客たち

も呆れ果てた。あっという間に皆バスを降り、それぞれ歩いて会場までの道を急いだのである。

聞けばバス会社を選ぶ際、三つの候補のなかから見積もりのひどく廉《やす》い会社を選んだらしい。Mさんはこれを通じて廉さを競い合う世界の恐ろしさを痛感したそうだ。

今や世の中ぜんたいが、廉さを競い合っているように思えてならない。限界以上の競争に勝とうと思えば、なにか重要なものを失うしかあるまい。それが従業員の睡眠時間だったり給料だったり、それで間に合わなければ経験さえ気にしなくなるだろう。Mさんは無事に戻れたからよかったが、節約の代償が命では元も子もない。廉いのは確かにありがたいが、廉すぎるものに命を預けてはいけない。

（二〇一三年十一月）

十八　清新の気

もう三十年以上、元朝坐禅会を続けている。うちのお寺には昔から梵鐘がないため、除夜の行事の代わりに元朝の坐禅会をすることにしたのである。

もともと元朝には、観音堂や本堂の仏さまに供える浄水（アカミズ）を供え、大般若経で祈禱をすることになっている。誰が来なくともそれだけはしなくてはならないから、どうせなら賑やかにしようと思って始めたことだ。

元日の朝といっても、天候は一様でない。十二時と二時と四時に雪を掃いたこともあるし、駐車場が凍結していることもあった。風がないのが一番ありがたいが、そう願いどおりになるはずもない。

しかし天候にかかわらず、五時から坐って落ち着いてくると、私は必ず五時半すぎには本堂の戸を全開することにしている。四時頃から焚いてあったストーブも、次々と消して廻る。

「清新の気を入れる」、と称しているのだが、常連にすればこの被虐的な時間がどうにも病みつきになるらしい。

風がない年はまだいいが、強風が吹いていたら堪らない。いずれにしても堂内に淀みはじめた熱は一気に消え去り、そこは一瞬にして完全な静寂と寒気に覆われる。

何事にも反応せず、冷徹なまでに心が動じない「三冬暖気なし」という状態でそのまま坐り続けていると、体の奥底に初めてのように暖気が点《とも》るのを感じる。それは外から冷風に紛れてもたらされたようにも思えるし、冷風で一旦寂滅した体内に新たに点った生命の火のような気もする。

マゾヒスティックな錯覚かもしれないが、ともかく極陰のなかに陽を生ずるような「一から出直す」気分になるから不思議である。

正月はもともと「修正する月」、一年の間に生じた歪みを正そうという機会である。だから禅寺では原点である初祖菩提達磨に還れ、ということで、どこのお寺でも達磨の軸を飾るのである。

通常私は、正月だからといって特別な目標を立てたり

何かを誓ったりはしない。ただリセットされた自然状態の判断で、その都度現実に応じていこうと思っている。

しかし福島県に住んでいると、今はどうしても政治や行政の動きが気になる。目標も持ちたくなる。震災の残り火がまだまだ燻《くすぶ》る状態だからこそ、すべてのストーブ（第一原発、第二原発）を消して（廃炉を決めて）もう一度新たに厳寒のなかから歩みだしてはどうかと思うのである。

戸はすでに開け放たれ、しかしストーブは消されない。寒気と暖気が入り交じって寒さも中途半端である。清新の気は、究極の静寂と厳寒のなかでしか感じられないことがあらためて思われる。

達磨さんがいつになく厳しい目つきで睨んでいる。「清新の気以上に大事なものが、何かあるのか」目は怒りながらそう告げているようだ。

（二〇一四年一月）

十九　勧進帳

年明けに勧進帳を書いた。「勧進帳」といえば歌舞伎の十八番の一つとして夙《つと》に有名だが、ここで申し上げたいのは本物の勧進帳、つまり寺社などの造営、修理のため、ご寄付を募る主旨の文章である。

弁慶はただの白い巻紙をそれに準え、朗々と読み上げたわけだが、私にそんな器量はない。「そもそも慧日山福聚寺《えにちさんふくじゅうじ》は」と始まり、七百年ちかい歴史の春秋をまじえつつ、それを護持し、修復してきた人々の熱意を讃《たた》え、現在の老朽化を文章で訴えなくてはならない。

もともと東日本大震災の年に勧進する準備を進めていた。しかしさすがにあの年は、檀家さんの多くも罹災したため、寄付のお願いどころではなかった。うちのお寺の庫裏《くり》も「半壊」と烙印を押され、開かなくなった戸などもあるものの、そのまま三年待つしかなかったのである。

三年ではまだ足りない、という声が聞こえてきそうだが、屋根がすでに限界を超えている。十年保つと言われた塗装をしたのが十四年前。今では塗り替えてほしいと言っても危険で登れないらしい。

あれこれ調べているうちに、この寺の不幸だった時代が浮かび上がってくる。一七八一年に屋根から燃えだしたとされる本堂と庫裏だが、四年後にもう一度類焼で焼けている。一度灰燼に帰してから四年、というのは、どう考えても再建中だったとしか思えない。おそらく新築途中の建物もろとも、再び燃えてしまったのだろう。呆然と佇む和尚の名前は大信禅師。当時の三春藩を治めていた秋田家の殿様がこれを哀れみ、雪村庵を買い取って住居用に移築してくださった。これが現在の庫裏の書院になっているため、ここだけはそのまま保存したうえで、庫裏全体を作り直す作業になる。

設計見積もりを取ってみたところ、今の福島県の業者に頼んだ部分がベラボーに高い。震災前の一・五倍以上らしいが、復興景気とアベノミクスの影響は甚大と言うしかない。人は不足し、仕事はこなせないほどあるのだから、当然といえば当然なのか。

しかしたとえばここ数年のうちに、見積価格が確実に下がるとは誰にも言い切れない。ええい、やるしかないと、とうとう勧進帳を書いたのである。

今でも心苦しさが、ずいぶんある。できることなら、普請などしたくないというのが正直な気分である。しかしよくよく考えてみると、これは私に与えられた使命のようにも思えてくる。いつかはしなくてはならず、おそらくしないでいる年数が増えるほどに、負担は増していくのである。

「寺」という文字はもともと「同じ状態に保つ」意味。「侍」も「待つ」も「恃《たの》む」も、あるいは「痔」だって状態が変わりにくいから「寺」が入るらしいが、「寺」そのものを保つことはなにより大変な仕事である。

（二〇一四年二月）

二十　八風《はっぷう》吹けども

春一番、二番と、風を数える。また三寒四温と言いながら、本格的な春の日を待ち焦がれる。特に北国では、南のほうの梅や桜の開花情報を横目に見ながら、ゆっくりと桜前線が北上してくるのを待っている。やたらといろんなものを数えてしまうのも、きっと待ち遠しさのせいなのだろう。

周囲には、福寿草やサザンカが雪の中に鮮烈な彩りを添える。水仙が咲くともう春はすぐそこである。水仙も福寿草も、雪につぶされながら見事に立ち上がってくる。東北の人々は、特に寒さのなかで咲く福寿草や水仙、また梅の香りを愛しているような気がする。

今年は二月の重い雪で本堂前の紅梅が折れた。折れ口はすでに深紅に染まり、花の準備を調えていたことがわかる。一瞬、東日本大震災の凄惨さを憶いだしもしたが、思えばこの手の自然災害は日本の日常だったのである。

さて今日は、自然災害のなかでも風について考えてみたい。

風という文字は、鳳《おおとり》と虫の組み合わせだが、ここで虫とは龍のことである。人知を超えた力による自然現象なのだから、風向きも強さもコントロールしようがない。最も日常的な自然が風だろう。

風媒花はそれを恵みとして利用し、また野茨なども風がないと生きてゆけないらしい。中国の荘子は人が息をして生きていくように、地球も風によって生きていられるのだと考えた。実際、洗濯物を乾かしてくれたり、最近は電力まで生みだしたり、我々の暮らしを助けてくれている。

逆風と思っていたものが、こちらの在りようや力量しだいで順風に変わる。それは実際の風に限らない話である。

禅語に「八風吹けども動ぜず天辺の月」という言葉があるのだが、我々を脅かす八種の風とは、利・衰・毀・誉・称・譏・苦・楽である。利（成功）も衰（失敗）も我々を動揺させ、毀（陰でそしること）や譏（面前でそしること）が怒りを呼び、我が身を揺らがせるのは理解しやすい。また苦も楽も、活かしようを知

らなければ月を隠す雲になるだろう。

しかし称（面前で褒められること）や誉（陰で褒められること）が風とはどういうことか。褒められればおだてに乗って平常心を失う。まして陰で褒められていることを知った場合、歓喜雀躍して熱風に足をすくわれるのかもしれない。

ならば禅は、喜怒哀楽を避けよというのか、というと、そうではない。風の如く、感情を引き摺らなければいい。要はタッチ・アンド・リリース。どんな感情にも居着いてはいけないのである。

え？　なんだか今日のはまとまりがない？　それも風の特徴です。人工的な風は妙にまとまっていて風らしくない。とにかく今はこうして屁理屈をこねながら、春を待っているのである。

（二〇一四年五月）

二十一　栗の花

最近、久しぶりに『奥の細道』を読んだ。ご存じ松尾芭蕉の晩年の紀行文である。

芭蕉は臨済宗の仏頂《ぶっちょう》和尚に参禅したとも言われ、いわば禅のお仲間である。しかも近江に住んでいた頃の庵は幻住庵、これはうちのお寺の開山禅師が修行した中国の天目山に、師匠の中峰明本《ちゅうほうみんぽん》禅師が構えた庵の名前から来ている。『奥の細道』には「妙禅師」として中峰の師高峰原妙《こうほうげんみょう》が登場するから、完全に同じ流れの禅を継承しているようだ。

それはともかく、読んでいくとどうしても福島県に着いた頃から興味が深まる。「白河の関にかかりて旅心定まりぬ」と芭蕉も言うけれど、やはりそこまで来ると引き返せない陸奥《みちのく》（道の奥）という感じがしたのだろう。多くの古歌を思い起こし、そこで歌われている卯の花や茨《いばら》の花の白さを昔日に変わらぬものと愛でている。

「とかくして越えゆくままに、阿武隈川《あぶくまがわ》を渡る。左に会津根《あいづね》（磐梯山）高く、右に岩城・相馬・三春の庄、常陸・下野《しもつけ》の地をさかひ（境）て山連なる。」曇天のなか、芭蕉は西、東、南へと県境まで見晴るかし、そして須賀川に四、五日投宿することになる。

そこで白河の関で詠んだ句が等窮《とうきゅう》という地元の俳人に紹介される。

風流の初めや奥の田植え歌

今回の旅に出て初めて感じた風流が、白河界隈で聞いた田植え歌だったというのである。
その後、芭蕉は須賀川あたりで、世を厭い、大きな栗の木陰に暮らす僧侶を訪ねる。その暮らしぶりを見て芭蕉は橡《とち》の実を拾って暮らした西行を偲び、こんな句を詠む。

世の人の見付けぬ花や軒の栗

芭蕉の句には、思えばこうした些細な発見が多く見いだされる。「よく見れば薺《なずな》花咲く垣根かな」、これも「世の人の見付けぬ」ものをよく見た結果だし、有名な「古池や蛙飛び込む水の音」にしても、突然の命の躍動が、静寂の余韻のなかで発見され、愛でられて

いる。

禅の世界は、管見だが、喪失後の世界である。人は加齢と共にさまざまなものを失うが、禅の道場ではこれが若いうちから無理矢理奪われていく。情報、交友、便利な道具、などなど。そして失ったあとでも通用する新たな価値観に目覚めていくのである。

梅雨の潤いのなかで、栗の花がしずかに咲いている。仮設住宅の暮らしが長びくなかで、県内ではそれに気づく人も多いことだろう。喪失したからこそ、やがて人は「よく見る」ようになる。まもなく「夏草や」の季節だが、喪失後の世界を「夢の跡」と見れば、ぼうぼうに伸びた夏草も狂おしいまでの命の躍動に見えるはずである。

（二〇一四年七月）

二十二　学術論文発表

八月十四日、私も共著者に含まれる学術論文が、イギリスの『Journal of Radiological Protection』に掲載された。放射線防護に関する専門誌である。執筆したのは東北大学理学研究科の小池武志准教授だが、三春町の実生プロジェクトを代表して小池先生が書いた、というスタイルなのだろう。震災後に町民の安心を模索して実生プロジェクトは設立されたのだが、その副代表である私にまで記者会見への出席要請があったのである。

共著者と括られる人々の論文への関わり方は、じつにさまざまだったと思う。原文は英語であるため、事前に校正原稿がまわってきてもそう簡単には読み

進められない。内容も専門的であるため、途中でお手上げという人もいたのではないだろうか。かく言う私がそうであった。

ただ記者会見当日までに、日本語訳のほうは読み込んでいたので、論文の主旨は理解しているつもりだった。私の理解によれば、その論文が扱ったのは、運よく得られた複数の震災後資料の解釈から、原発事故直後の被曝量を推定するには、テルル132が重要な要素であると示したこと。そしてテルル132の放出量はセシウム137の放出量と特別な相関があるため、セシウム137の値が分かればテルル132の総量も、特別なケースを除いて推定できると示したことにある。

そうした分析をもとに、小池先生は、三春町が震災後に自治体として唯一安定ヨウ素剤を配布し、それを住民が服用したタイミングについて検証している。また早期から町内の子供たちがOSL線量計を身につけてくれたため、その測定値から十年間の被曝量も推定している。

こうして読んでいただくと、学術的な発見はテルル132とセシウム137との特別な相関であり、それによって事故直後の被曝総量が推定できたことだとご理解いただけると思う。ヨウ素剤服用のタイミングの検証は、いわば副次的な成果なのである。

しかし新聞報道では、テルルには一切触れられず、とにかく安定ヨウ素剤の配布・服用の問題として扱われた。学術論文についてのマスコミ報道の難しさを感じる経験であった。もとより、専門家が長年の研究の末に抱く疑問など、一般人にすんなり理解できるはずもない。しかしマスコミは、そこに何らかのニュース性を見いだし、とにかくその要点（と思える内容）を報道しなくてはならない立場なのだ。

専門家でもないのに、報道のされ方で誤解も生じやすい論文の共著者など、なぜ引き受けたのか、と思われるかもしれない。それについては、要請された小池先生という人物への信頼、というしかない。彼はデータ偽造を疑われた学者が「実験は、二百回以上成功しています」と言ったことに対し、私が感想を訊くと、「あんな言い方では駄目です」ときっぱり言った。「たとえば二百十三回成功しましたとか、二百二十七回とか、ちゃんと言わなくちゃいけません」。大まじめな彼の発言になにか感じていただけるようなら、ぜひ論文の御一読を。原文も日本語版も「三春実生プロジェクトＨＰ」で読めます（http://fukushima-misho.com/miharu/index.php?id=51）。

（二〇一四年九月）

二十三　新「夢の島」構想

原発事故から三年半が経過した現在、最も気になることの一つが福島県双葉郡の町村の今後の在り方である。ご承知のように、自宅に住めず、県内外に仮住まいする人々は今でも十二万人を超える。仮住まいの地に根を生やす人も多く、はたして元々の双葉郡の行政単位が、そのまま保てるのかどうか、危ぶまれている。

たとえばチェルノブイリ事故のあとには、幾つもの村が消滅したが、その代わりスラブティッチという新しい町が二年後に作られた。いわば合併による新生である。ここは事故現場から東へ五十キロ地点、当初は地表の放射線量が年間五ミリシーベルトという場所もあったのだが、天地返しで線量を低め、被災者が優先的に住める一戸建てや高層の集合住宅を造った。現在は、福祉や教育環境が充実しているため、被災者以外も含め、約二万五千人が住んでいる。

被災者のための新たな住環境として、このような町が造れないものかと、私は復興構想会議において提言した。ただその時に思い浮かんだのは、猪苗代湖南側の国有地、あるいはいわき市西部の国有林などだったから、浜通りの人々には寒すぎる懸念も、私自身拭いきれなかった。結局、会議では提言として採り上げられることもなく、その会議も解散してしまったため、いわばそうした大きな絵を描く場所がなくなってしまったのである。

一つの町を新しく造る、というような話には、大多数の省庁が関係する。だから省庁の枠を超えたあの会議のような場こそ重要だった。しかしあの会議では後ろに並んだ官僚の方々には、一切の発言が許されなかった。あまりに極端な官僚排除だったから、実際に決定事項を執行するはずの彼らが、背を向けてしまったのではないか。今となれば、そんな気もするのである。

これだけ時間が経っても、新たな天地を夢見る気分はなくならない。そんなとき、私は名嘉《なか》幸照《ゆきてる》

氏が書かれた『〝福島原発〟ある技術者の証言』を読み、またぞろ新生合併の夢を憶いだしてしまった。

名嘉氏によれば、双葉郡の近海に瓦礫を埋め立てて島を造り、そこにさまざまな研究施設や居住施設を建てたらいい、というのである。住居はすべて高層にして放射線の影響を受けにくくする。埋め立てて造った関西国際空港の技術を以てすれば、瀬戸内海と太平洋の違いはあるにしても、今の日本の技術なら可能かもしれない。

思えばこの国は、地震に対抗するように五重塔を造りつづけ、とうとうスカイツリーに行き着いた。今度は津波をあっさり凌ぐ人工島を目指してはどうか。沖縄出身の名嘉氏の提言には、我々を励ますような「夢」を感じる。そういえば昔、「ひょっこりひょうたん島」という番組に夢中になった。ひょっこり現れる双葉郡の夢の島を見てみたいものだ。

（二〇一四年十月）

二十四　フクシマ・フィフティー

福島第一原発が津波によって全電源を喪失したとき、施設には約六千人の従業員たちがいた。そのうち約二千人が六基の原子炉の立ち入り制限区域内で作業を行なっていたという。

五号機と六号機は定期点検のため冷温停止状態だった。しかし一号機から四号機までの四基は稼働中（四号機は分解点検中）であったため、そのまま送電停止が続けば原子炉内部の核燃料棒が冷却できなくなり、熱で溶け墜ちて大量の放射性物質を放出する可能性があった。

津波の翌日の三月十二日午後以降、一号機から次々に水素爆発が起こってくる。このときの施設内部の人々の恐怖感はいかばかりだったかと、今になって思うのである。一部の協力会社は社員を撤退させ、また津波で家を流されてしまった従業員も多かったため、家族を探しに出て行く社員たちもいた。しかし結果としては故吉田昌郎《まさお》所長以下、数百人の人々が現場に残って戦うことになったのである。

「吉田調書」によれば、吉田氏は「東日本壊滅」さえイメージしたらしい。またイギリスのザ・ガーディアン紙の取材に答えた吉澤厚文《よしざわあつふみ》氏によれば、「特攻隊員のように、自分のすべてを事故処理に捧げる覚悟」だったともいう。吉澤氏の言葉を再録しておきたい。「留まることを強制された人間は一人もいませんでしたが、その場にいた全員が、最後まで取り組み続けなければならないと解っていたのです。原子力発電所を守れる人間は、私たちだけだと解っていました。考慮の余地などなかったのです」

彼らの捨て身の奮闘によって、東日本、いや世界が救われたと言っても過言ではないだろう。風呂にも入れず、ビスケットや乾燥食品しか食べられず、しかも床が堅くて眠れない。血圧はたちまち上がり、顔色の悪くなる人も多かったという。

アメリカのＡＢＣニュースやニューヨークタイムズは、いち早く「フクシマ・フィフティー」として彼らを顕彰し、多くの海外メディアも採り上げた。五十人どころかその数は数百人もいたのだが、どういうわけか日本では

ほとんど顕彰されることもなく、スペインの皇太子が授与した「共存共栄賞部門賞（平和賞）」も、推薦された「福島の英雄たち」からいつしか東電社員が外され、自衛隊、警察庁、消防庁だけが代表で受け取ったのである。

事故の責任のこともあるし、東電社員を英雄にしてはいけないという思惑が、どこかから圧力として働いたのだろうか。それも解らないではないが、こうした捨て身の働きぶりを顕彰しなかったことで、その後の被災地に「雄々しさ」が失われていったように思える。

国や東電という組織の問題はあるにしても、「それはそれとして」今も続く現場の果敢で雄々しい作業員たちに、あらためて感謝したい。

（二〇一四年十一月）

二十五　「忘れる」ことの功徳《くどく》

十二月には「忘」年会が幾つもあり、一月になると今度は「新」年会がある。日本人が宴会好きなのは確かだが、どうもこの「忘」れて「新」たにするというやり方がじつに日本的である。

中国人に「忘年会」という文字を見せると、年齢に関係ない無礼講だと思うらしい。たしかに忘年会も無礼講のような集まりだが、何を「忘」れるのか、と考えると、やはり年齢ではなく「この一年の苦労」なのだろう。

思えば日本人の挨拶じたい、お辞儀して直近の過去を忘れ、新たな「今」に向き合う作法だし、「今日は」「今晩は」という挨拶言葉も、前日や昼間との連続性を断ち切り、新たな気持ちで今日や今晩を迎えようとしている。

立礼は七世紀後半に天武天皇が詔で定め、「今日は」の原型に当たる「こんにった」は室町時代に登場する。現在まで続く言わば「一から出直す」形の挨拶が、室町時代にできあがったのである。

ちょうどその頃、後に出家する伏見宮貞成《ふしみのみやさだふさ》親王が、『看聞日記』に年末の連歌の集いのことを書いている。酒を一献交わしてから連歌百句を詠み、次第に酒盛りになって乱舞まで始まり、それは歳忘のように面白かった（其興不少歳忘也）と書き付ける。どうもこの書き方からすると、「歳忘《としわすれ》」と呼ばれる庶民の行事が、当時からあったようなのである。文献に出る「歳忘」はこれが最初だが、初めに連句を詠みあうあたりが今とは違う。ただ忘年会が相当古い行事であることはこの記事からも分かるだろう。

よく、忘れてばかりいるから日本人は建設的に事を進められない、というような意見を耳にする。しかし日々の辛さを忘れ、憂さを晴らすことは、本人の精神衛生上も、周囲の人々にとっても、意義深いことではないだろうか。

東日本大震災の記憶も、風化した、忘れられた、と嘆く人々をよく見かけるが、きっちり学んだり体験したりしたことを、そう簡単に忘れるはずもない。忘れたとすれば、それ

は忘れた方がいい些細なことか、忘れたいほど切実なことだったに違いない。

人は、忘れなくては前に進めないという体験を、図らずもしてしまうことがある。我々の無意識は、もしかすると忘れるべき事柄を自動的に選別し、忘れさせるように働くのではないだろうか。

かくして、身につき、忘れないことだけが大切なこと、という自然選択の恩恵を、我々は享受できる。忘れるからこそ憶いだす喜びも味わう。これぞコンピューターにはあり得ない人間だけの能力だ。

所詮、宴会で忘れる程度のことは、放っておいても忘れるのである。忘れないよう気遣うよりも、余計なことを忘れる努力をしたほうがいい。やがて暮れることさえ忘れるから、明けただけで目出度いのではないか。

明けまして、本当におめでとうございます。


（二〇一五年一月）

二十六　ミトコンドリアの秘策

遥か古代に命を生みだした海の近くで、人類の直系の先祖である原核細胞は、異質な生命体ミトコンドリアに出会った。なにが異質かといえば、原核細胞は酸素が苦手で、細胞分裂を繰り返す。一方のミトコンドリアは酸素を好み、ほとんど分裂はしないのである。地球上の酸素濃度はこの頃約二パーセントに達し、嫌気性の原核細胞が単独で生き続けるのは難しくなっていた。

苦肉の策として両者は合体し、真核細胞となって共生する道を選んだ。この「共生説」はダーウィンの「適者生存説」からは信じられない考え方であったため、長く学会には認められなかった。

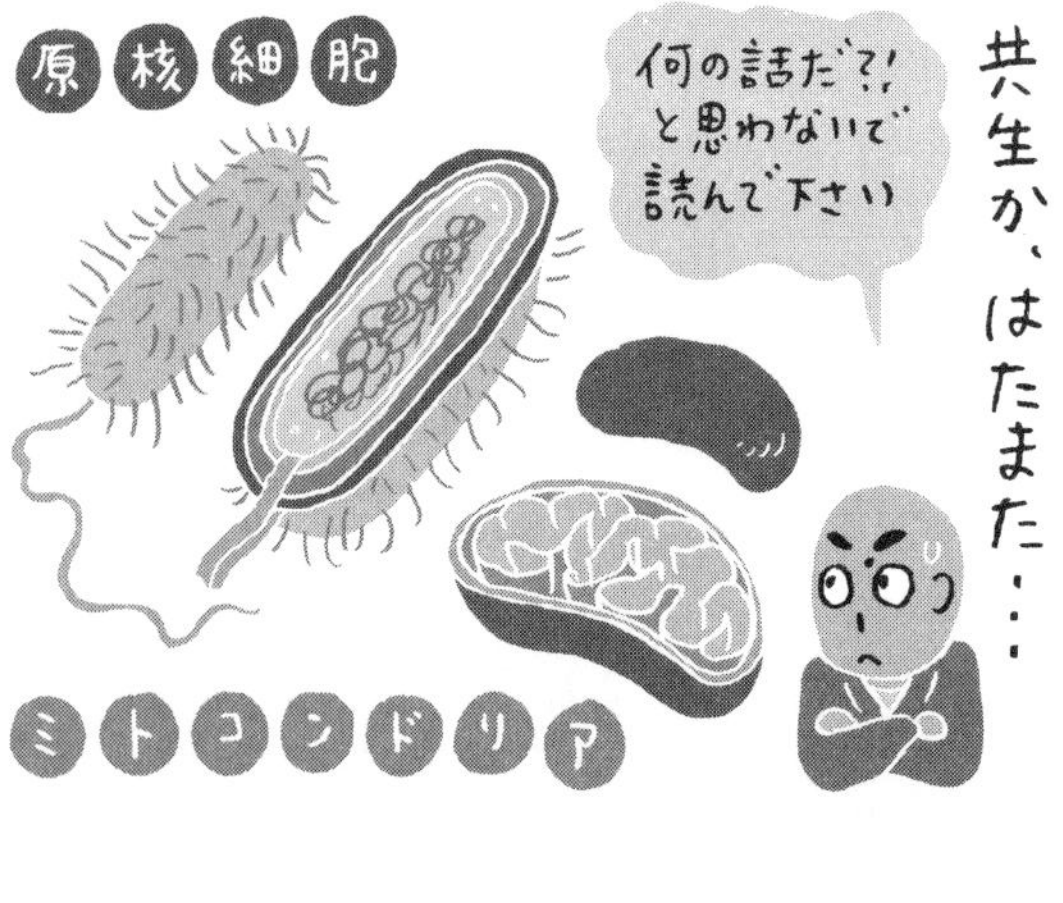

しかしこうした現象は、じつは文化的な事柄においても起こっている。たとえば日本における仏教の受容もそうだ。外来の「仏」の流入により、在来の「カミ」が形を整え、対抗する形で共生していく。それはあたかもミトコンドリアとの合体により、従来の原核細胞が核膜を形成し、遺伝情報を守ろうとしたことに似ている。

こんなことを思ったのは、二〇一五年一月七日にパリで起きた、シャルリエブド銃撃テロ事件の影響だろう。編集会議の最中に闖入したアルジェリア系フランス人兄弟は、編集長はじめ十二人を殺した。フランスのみならず、各国がすぐに非難声明を出し、「反テロ」包囲網ともいえる動きが加速した。この暴挙が「表現の自由」や報道そのものを脅かし、けっして許されない行為なのは当然のことだ。しかし事件の背景をよくよく考えていくと、どうしても力による「テロ撲滅」だけで問題の根本が解消するとは思えない。

フランスは二〇〇四年、イスラム教徒の女性が髪を覆うスカーフ（ヒジャブ）の公立学校での着用を禁じ、さらに一一年には広く公共の場で禁止した。確かに大家と店子の立場ではあるが、これはイスラム教徒にとって、相当の屈辱だろう。また今回標的にされたシャルリエブドは政治的な風刺画で知られる週刊誌だが、もともとイスラム社会では人や動植物など具象物を絵に描くことを認めない。神の創造を模倣する行為として禁じ、だからこそアラベスクなどの幾何学模様を発達させた。風刺の内容に拘《かか》わらず、具象画を描くことじたい彼らには考えられない行為なのである。

過激派は決してイスラム社会の代表ではないが、イスラム社会への無理解がこのまま続けば過激派も生まれつづけるだろう。とうとう「日本人人質事件」まで起こってしまったが、事の本質は、むしろ常套化しつつある勝負の論理、いわばグローバリズムという人工的な「適者生存説」にあるような気がする。

世界のムスリム人口は約十五・七億人。人口比ではアジア・太平洋地域が六割強を占めるが、欧米にも約四千三百万人以上が住んでいる。

現在の人類は、ミトコンドリアなしでは一日も生きられないわけだが、その共生がいかなる秘策によって実現したのか、今こそミトコンドリアに聴いてみたい。いや、知っているのは原核細胞のほうか……。


（二〇一五年一月）

二十七　門中《むんちゅう》のこと

二月初旬に講演のため、沖縄本島へ出かけた。いつも沖縄に行くと思うことだが、向こうのお墓は凄い。

およそ八百年前に中国の福建省や雲南省辺りから伝わったとされる「亀甲墓《きっこうばか》」を初め、屋根形になった「破風墓《はふばか》」、自然の崖などを利用した「打ち抜き墓」なども各地に見られた。

その凄さは、大きさは無論のことだが、むしろお墓が家族や個人のためのものではなく、「門中《むんちゅう》」と呼ばれる大きなファミリーで使われる、ということである。

大規模なお墓は、それなりに修理も必要になってくる。修理はたいてい閏年に行なわれるというのだが、その際にはファミリーから寄付も募る。大きなお墓にはその寄付者の名前や金額まで、石に彫られていたりする。なかには明らかに西洋的な名前もあり、歴史的なファミリーの婚姻による広がりを感じさせる。沖縄や本土の人など、姓の種類は二、三十種類にも及ぶことが多い。

嫁がなかった女性や七歳以下の子供が亡くなった場合、しばらくは敷地の片隅に祀り、その後誰かが亡くなったときに合葬という形で祠の中に入れるという。これもファミリーの広がり、繋《つな》がりを大切に考えるゆえだろうか。

那覇のやちむん（焼き物）通りには、カラフルで大きな骨壺も売られている。八十歳以上で亡くなると「天寿」とされ、孫が骨壺を買ってプレゼントする習慣が今も残っているらしい。

また昭和二十七年までは、洞《ほら》の中に一旦安置してあった遺体を洗って骨だけにして骨壺に収める沖縄独特の「洗骨」の習慣もあったようだが、今はほとんど火葬である。三十三回忌になると立派な骨壺から骨を空け、祠の中の土に還すのだが、その際には多くのファミリーが集い、豚の顔と尻尾（むろん一頭丸ごとならなお結構）を供え、お祝いの飲食をする。お骨も入れっぱなしではなく、後々までケアされるところがまた凄い。そして年忌供養だけでなく、沖縄には年に何度もお墓で飲食する機会があるのである。

こうして培われるのは、おそらく「門中」の塒《ねぐら》に「還る」という感覚ではないだろうか。日本人全体が、「浄土」よりも「天国」よりも「あの世」という言葉を多用するのは、懐かしい「あの」世に還る気分だと思うが、最近の本土の墓地は個人や家族だけの場所が多くなり、お墓も懐かしいという場所ではなくなりつつある。

そういえば「うちなーぐち」(沖縄弁)には、本土の「行ってきます」にあたる言葉がないらしい。代用される「いじちゃーびら」は、必ず戻ってくることを前提にした、全く違う挨拶なのだ。

沖縄が出生率第一位を四十年間維持していることは、もしかしたらこの門中の結束、死の扱われ方にも関係しているのだろうか。

本土のお墓だって少なくとも二、三家族で守るしかない時代に突入している。沖縄はいつも懐かしく、また刺激的な未来でもある

(二〇一五年三月)

二十八　石は軟らかい？

世の中には、「ひょん」なことで人生が大転換したりする人がいるものだが、先日、静岡県沼津市にお邪魔した折にもそう感じた。

沼津生まれの白隠《はくいん》禅師を顕彰する「白隠フォーラム」での講演を終え、私はその翌日、同じ沼津市で石彫りに励む従兄の寺を訪ねた。そしてお寺の前の膨大な石彫群を前にしたとき、思わず先の感慨をあらためて深くしたのである。

私の父の兄の長男である宗一和尚は、鎌倉の円覚寺僧堂に居たときから普通ではなかった。お盆休みにうちの寺に投宿したのだが、夕方から座敷で独り坐禅に励み、子供だった私が近づいても身じろぎせず、私は声もかけられず大変戸惑ったものだ。ふと気づくと、よれよれの麻衣の上に蚊がたくさんとまり、あの高い「ラ」の翅音を響かせていた。私が近づくと蚊の群れが動き、腕や顔や頭から黒い煙がたつように見えた。思わず「かゆくないの？」と私は訊いてしまい、雲水だった宗一さんは「かゆいよ」と当然のように答えたのである。

不思議な人だと思っていたら、そのうち尺八を習いはじめ、師範になったと仄聞《そくぶん》した。そして沼津の白隠さんゆかりのお寺に入り、しばらくお会いしていなかったのだが、近頃はお会いするたびに情熱を込めて白隠さん、そして石のことを語る。

どうやら面白い石屋さんとの出逢いがあったらしく、境内にはその石屋さんにもらったという石が乱立している。磨かれた表面には禅語や俳句や般若心経、そして最近はとにかく白隠さんの墨跡が和尚自らの手で彫られ、周囲を圧している。

宗一和尚が言うには、「石は軟らかいんだよ」とのこと。言われてみれば釘一本でも傷つくのだし、理屈としては確かにそうかもしれない。しかし私にすれば、石は硬いし冷たいもの。自然石など、紙やすりも使わず両手で磨くというのだが、初めは信じられなかった。

しかしやがて私は、『荘子』養生主篇《ようせいしゅ》に登場する「庖丁」（料理人の丁《てい》）の話を思い起こしていた。牛を解体する名人の丁さんは、心で牛に向き合い、牛の自然に従って刀を使うので、骨にぶつけることもなく音楽的な刀捌《さば》きで解体

してしまう。だから十九年間に数千頭を捌いたが刃こぼれ一つ起こさないのだという。

私は勇気をもって宗一和尚に訊いてみた。「鑿はどのくらいの周期で研ぐんですか？」「丸鑿ばかり使うんだが、もう五年は研いでないな」「……おお」。正しく鑿を使えば、石を彫ることじたいが研ぐことになる。だから研ぐ必要などない、ということらしい。

吾が従兄ながら、私は名人を見る眼で宗一和尚を見直した。法衣を着たその姿は、木喰や円空にも重なってみえたのである。

折しも再来年は白隠禅師の二百五十年遠諱《おんき》（五十年ごとに行なわれる法要）。本山から白隠さんの生誕地に建てる石碑も頼まれたらしい。「ひょん」が重なり、宗一和尚の人生は思わぬ方へどんどん深まっていく。


（二〇一五年四月）

二十九　一文銭の祈り

昨年五月から始まった本堂の改修工事は、順調に進んで銅屋根が概ね葺《ふ》かれた。四月十日、屋根を覆《おお》っていた覆いがはずされ、キラキラ輝く銅板の屋根が現れた。折しも境内では桜が咲きだし、桜と銅屋根との競演の趣である。

現場棟梁である加藤工匠の高橋さんは「最高の景色」だと喜ぶが、キラキラ光る銅板はどうも落ち着かない。そのままでは日本のどんな景色にも似合いそうにないのだ。きっと高橋さんは、すでにくすんだ色合いを見据えているのだろうと思う。

ところで一カ月ほどまえ、本堂の礎石に載った何本かの柱の底部を切り、根継ぎする作業が行なわれていた。二百年余りの間に三本の柱の底が腐ってしまい、補強が必要だったのである。そしてそのとき、柱の底が不思議な緑色に染まっていることに加藤工匠の大工さんたちは驚いた。切り取った三本の柱の底と礎石との間には、緑青《ろくしょう》をふいた寛永通宝が一枚ずつ挟まっていたのである。

三人の大工さんたちの話では、縁の下の七十数本の束《つか》の下にも、必ずや寛永通宝が挟まっているだろうという。いったい何のために挟み込んだのか、初めは分からず、ただ驚くばかりだった。しかしよく見ると、緑青に染まった木部だけは腐っていない。なるほどこれを知っていたのかと、先人の知恵に唸ってしまったのである。

町の大工さんに聞いた話では、今でもシロアリ防護のために、柱や束の下に銅板を挟み込むことはあるらしい。またアオミドロが増えた池などに銅板を浸けると、みるみる水が澄んでくるとも聞く。やはり銅から出る緑青の、防虫・防腐効果なのだろうか。

調べてみると、寛永通宝には銅貨ばかりでなく、真鍮製や鉄製のものもあったようだ。通貨として一番価値が高いのは真鍮製で、裏に波の描かれたものが四文、それ以外は一文銭が多かったらしい。

けっして高額ではないが、本堂のすべての柱や束の下、礎石との間に、お金が挟んであるというのも何となくいい。銅板ではなく、それがお金であることにも、祈りのような気

分を感じないだろうか。

修復が終わったというので、私は三人の大工さんたちに訊いてみた。「あの寛永通宝はどうしました？」「木口にめり込んだまま、とってありますよ」「じゃあ、根継ぎした木と礎石の間には？」「五十円玉と五円玉を入れときました」「え？」

新たに寛永通宝を買い求めるのは難しいにしても、はたして白銅製の五十円や黄銅製の五円硬貨で同じ効き目があるものだろうか。

銅板の切れ端を一緒に入れようかとも思ったが、金属の相性を懸念して硬貨だけにしたのだと高橋さんは言う。「先が見通せるお金」が利いたのかどうかは、また二百年後の人々に調べてもらおう。


（二〇一五年五月）

三十　大工さんと大工蜂たち

先月屋根が完成した本堂改修工事だが、いろいろ想定外の仕事が発生したことも報告しておきたい。

まず設計や監理に関係ない仕事として、ハクビシンの糞掃除があった。もう何年になるものか、本堂の屋根裏にはハクビシン一家が住んでおり、夜の坐禅会などでよく跫音《あしおと》を響かせたものだが、彼らの何年分かの糞が堆積していたのである。

雑食といわれる彼らの糞には多くの銀杏の殻が混じっていた。墓地に立つ大きな銀杏の木の実に違いない。もしかすると餌の少ない冬場にも、備蓄して食べていたのかと思うほど、その混入率は高い。ともあれその大量の糞を、大工さんたちは何日もかかって片付けてくれたのである。

その後の工事は順調に進んでいるかに見えた。しかしあるときまた想定外の事態が発覚した。じつは熊蜂が茅負い《かやおい》（垂木と屋根の間の横木）に空けた穴が、あまりにも多いことに女房が気づいたのである。一難去ってまた一難、またまた計画外の仕事発生である。

俗にクマ（ン）バチと呼ぶ「キムネクマバチ（黄胸熊蜂）」はほとんど人間には興味を示さない。オスには刺す針もないし、メスも攻撃でもされなければ刺さない。万一刺されても大事には至らないという。

盛んに藤の花などの蜜を吸う姿は見かけたものの、これまではたいして迷惑とも思わず、私もどちらかといえば長閑《のどか》に眺めていた。それなのに……。裏切られた、という気分が一気にこみ上げた。きっと英語国民なら「オ〜マイガ〜ッ！」と口走ることだろう。

たまたまその頃、蜂博士と呼ばれるご夫婦の来訪を得た。彼らによれば、熊蜂は木造家屋の垂木などに好んで穴を空け、そこに蜜と花粉を集める。蜜と花粉の団子を幼虫一匹分ずつ丸めて産卵し、細長い巣穴に幾つもの小部屋を作るため、それこそ英語では「carpenter bee（大工蜂）」と呼ばれるらしい。

さぁ、知ってしまってからは、知らないフリなどできないという高橋棟梁である。大工蜂と大工さんの戦

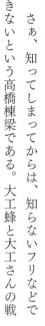

いがついに始まった。埋木の技術の粋を尽くし、大工さんたちは余計な穴埋め仕事に邁進した。折しも境内には、私が二十年以上前に山から移植した藤が満開である。藤は受粉を熊蜂に頼る花らしく、たしかに熊蜂をたくさん集めている。牡丹も好まれるようだ。片や営巣のため一心に蜜を集め、片やその穴を次々無心に埋めていく。長閑な上天気のなか、一心対無心の壮絶な戦いが一週間ほども繰り広げられたのである。

これまでこんなに完璧に穴埋めしたことはないという高橋さん、奥山さん、伊藤さんには本当に頭が下がる。しかしそんな人間たちの思惑には関係なく、熊蜂たちは藤からニセアカシアに標的を変え、約一年の寿命を全うすべく、今日も元気に翅音を響かすのである。

（二〇一五年六月）

三十一　川内村とシロヤシオ

六月初め、講演のため川内村に出かけた。梅雨の近いこの季節には、山々に白い花が目立つ。田植えの済んだ田圃と、ヤマボウシやミズキの白い花の対照が美しく、車で一時間半ほどの道程《みちのり》が短く感じられた。

川内村といえば、これまでは草野心平氏の「天山文庫」やモリアオガエルの生息地として知る人ぞ知る村であった。しかし東日本大震災のときいちはやく全村避難を決め、全国に知れた。遠藤雄幸《ゆうこう》村長の涙の避難宣言は今でも記憶に新しいが、だからこそ双葉郡八町村で最も早く「帰村宣言」を出したときは私も嬉しかった。

元々二千九百人あまりの人口のうち、現在帰村して暮らすのは千八百人ほど。県内の都市部に残る人々のほか、県外に暮らす人々も四百人あまりいる。

今年新年の挨拶で、遠藤村長は「復興は根気と持続力、あきらめないことだと思っております」（川内村ＨＰ）と書いているが、「それぞれの判断を尊重し、帰りたいと思った時に、いつでも戻って生活できる環境を整備してまいります」という言葉は、何より村長自身の根気と持続力、あきらめない強さを物語っている。柔らかな風貌とこの強い精神力との落差が魅力的なのだ。柔弱の強さである。

役場の正面玄関には「無事かえる」と刻まれた素焼きのカエルが鎮座する。いわゆる「ゆるキャラ」で、モリアオガエルの「モリタロウ」くんというのだが、どうも遠藤村長の風貌を感じて笑ってしまう。

おそらく雄幸という名前は、第二十七代総理大臣の浜口雄《お》幸《さち》を意識した命名だろう。市民に迷惑をかけてはいけないと、駅構内の立ち入り制限を解除していて銃撃を腰に受け、退院後も無理をして国会に登壇し、命を縮めた矜持と信念の人である。

今回村長にお会いしたら、じつは浜口「雄幸」という名前は父親が嬉しくて酔っ払い、そのまま役場に出生届けに行ったため、「幸雄」のはずが逆になったという面白エピソードをご披露しようと思っていた。だから浜口総理に倣《なら》わずご自愛を、との主旨だが、村長は復興関連で東京出張、残念ながらお留守だった。

太陽光発電事業や村伝統の井戸掘削、医療体制の整備も進む。相変わらず「福幸米《ふっこうまい》」は旨いし、稲や蕎麦の作付面積も増えた。また除染終了後のフォローアップ除染のことなど、村の実績で報告すべきことは多いが、私には秋元正《まさし》教育長が、伝統芸能「獅子舞」の後継ぎの子供が決まったことを嬉しそうに話す様子が忘れられない。

そしてもう一つは、天山文庫の庭に咲いていたシロヤシオ（ツツジ）の美しさである。およそツツジという概念を超え、木漏れ日越しに見上げた空そのもののように、無数の白い花たちが頭上で煌めく。これほど美しい花木の佇《たたず》まいを、私はこれまで見たことがない。

（二〇一五年七月）

三十二　加持の力

先日、京都大学こころの未来研究センターの主催で、東日本大震災後の現状と問題点などをさまざまな観点で検討するシンポジウムが開かれた。題して「こころの再生に向けて」。

私は福島県民の現状を、平安朝に流行した「あはれ」という言葉の多義性に準え、「うれしい」と「かなしい」に跨がるディープ・インパクトと捉えて説明した。

実際、「あはれ」という言葉は当時あまりにも多用され、状況判断で意味を推測するしかないほど、曖昧で情緒的な言葉になっていったのである。

今でいえば何でもかんでも「かわいい！」と表現されるのにも似ている。そうした状況を、元武士であった西行法師はひどく厭がり、次のような歌を詠む。

都にて月をあはれとおもひしは数よりほかのすさびなりけり

要するに、月をあはれと詠ったりするのは、自然から離れた都人《みやこびと》たちの暇つぶし（すさび）ではないか、というのだが、じつに厳しい。そして言葉の曖昧さを嫌った武士たちは、やがて「あはれ」から肯定的な感情だけを抽出し、「あっぱれ（遖）」という言葉を使うようになっていった。

私としては、この「あはれ」と「あっぱれ」が交錯し、「あっぱれ」がやや空回りする福島県の現状を報告したかったのである。

さてこの席でのことだが、高野山大学の井上ウィマラ氏の報告が面白かった。具体的には高野山が支援し、復活した気仙沼の「復興太鼓」にまつわる話だが、タイトルは「マインドフルネスとレジリエンスの視点から」、じつにアップ・トゥ・デイトである。

しかしこれ、無理に翻訳すれば「三昧」と「加持」のことではないか。「こころの再生」という観点から、宗教の古典的な力を引き出し、現代的に話してくださったのだろう。

彼からのその後のメイルには、「加持」の語源の「adhisthana」には、決意する意味があるという。加持祈禱といえば迷信のように思う人もいるかもしれないが、「持」とは精神集中を保つこと、「加」とはそれによって起こる超越的な力の付与である。当然それは強い決意によって叶うということだろう。そんなふうに逐語的に考えれば、ほとんどの芸術作品は「加持の力」を借りているのではないか。

「こころの再生に向けて」の話は、結局芸術と宗教の核心に向かっていったのである。

（二〇一五年八月）

三十三　線状降水帯

九月十日から十一日にかけて、奇しくも世界的な災厄記念日に、北関東から東北地方が未曾有の降水災害に見舞われた。茨城、栃木、福島、宮城、山形、各県に、洪水や土砂崩れが起こり、死者や多くの避難者を出した。収穫目前の水田被害も悲惨である。

長月とも呼ばれる長雨の九月だが、多いところではそのひと月分の降水量の倍以上が一日で降ったのだから堪《たま》らない。

普通の台風なら、通り過ぎた後の青空を期待し、ひたすら怺《こら》えて待つのだが、今回の雨雲は待っていても一向に通り過ぎなかった。

上空に氷点下九度の「寒冷渦」があり、そこに温帯低気圧化した台風十八号や、東から北上する台風十七号の湿った空気が合流した。どうやら「線状降水帯」と呼ぶらしいが、幅二百キロ、長さ五百キロほどのエリアに雨雲が集中的に発生しつづけたようなのである。

ＭＪＯ（マッデン・ジュリアン振動）と呼ばれる現象も取りざたされ、最近の地球には確かに異常気象と呼ぶべき事態が多い。

しかし一方で、大地そのものの吸水性の低下を問題にする人々もいる。多くの土木工事は、舗装にせよU字溝にせよ、その場に降った雨をその場で吸い込ませず、先送りするやり方である。先送りされた水はあまりにも膨大になり、川も呑み込みきれなくなるのだ。

またU字溝や石垣の積み方にも、土の通気や吸水への配慮がないため、土そのものが吸水性を失い、柔軟性をなくし、雨が大量に降ると崩れやすいのである。

じつはお盆明け以降、お寺の境内や墓地を専門家に診てもらい、土の吸水性や通気性を回復するための処置をしていただいた。エアスコップというもので地面に溝を作り、そこに屑炭や竹、木の枝葉などを置いていくのだが、さほど深くない溝でもその断面から通気が促され、土中のバクテリアも増えて、次第に地力が回復するというのである。

エアスコップで溝を作る
地力回復!!
生き返ったあああ
屑炭や竹、木の枝葉などを置く

一緒に観察してみると、なるほど枯れ枝やてんぐ巣病の目立つ桜の根元などは、コンクリートで固めてあったり通水を無視した石垣であったりする。樹勢が弱まる理由は、明らかに根が生える土の環境の問題なのだ。土の治療とも言うべき作業が施された場所の木々は、驚いたことに翌日にはもう新芽を出し、病葉《わくらば》を落としたのである。

処置を終えた境内や墓地は、長雨つづきでもむしろ潤っていくように思えた。あちこちに生えた大きな木々が、ラジエーターのように地中の澱んだ空気を放出し、新鮮な空気を吸い込んでいく。

私の住む街は、線状降水帯の東の端あたり。豪雨の時間も被害甚大だった地域ほど長くはなかったが、そのことの幸運に感謝しつつ、同時に今後の大地とのつきあい方を肝に銘じた今回の豪雨なのであった。

（二〇一五年十月）

三十四　南都隣山会

このところ、奈良には毎年のようにお邪魔している。

最初のご縁は小説『阿修羅』（講談社、二〇〇九年十月刊行）を書き下ろした直後。ちょうど同じ年に上野の東京国立博物館で「国宝　阿修羅展」が催されたこともあり、事前に刊行のお許しをいただくべきだろうと考え、興福寺の多川俊映《たがわしゅんえい》貫首さまに原稿を送ったのである。するとまもなく直筆のお便りが届き、「同じ仏教徒どうし、信用しています」というありがたいお返事であった。

その後は南都二六会という奈良仏教寺院の親睦団体に講演で呼ばれたり、あるいは奈良トヨタ主催の行事に何度も招かれたりで、すっかり〝奈良漬け〟になりつつある。

お邪魔するたび、まるでインドのサールナートのように鹿と共生する古都が好ましくなる。もともとは鹿島神宮から連れてきた鹿だという話には驚いたが、もっと驚いたのは鹿の刑務所の存在である。一度人間の畑の食べ物を味わった鹿は、必ずまた同じ罪を繰り返すらしく、捕まえると容赦なく刑務所に入れ、一生出さないというのだ。六大寺の貫首さまの就任のときなど、恩赦特赦はないものかと訊いてみたが、どうやらないらしい。

それはともかく、今年も十一月九日に奈良にお邪魔してきた。今回は南都隣山会のお招きで、私が理事長を務める「たまきはる福島基金」に、六大寺で集まった義援金を授与してくださったのである。

隣山会とは、奈良市の東大寺、興福寺、西大寺、唐招提寺、薬師寺、および斑鳩《いかるが》町の法隆寺の六大寺で構成され、今回は東大寺を会場に、各寺の貫首、副貫首、執事長、別当などと呼ばれる重鎮が集まってくださった。信じられないほどゴージャスな顔ぶれである。

しかも時は紅葉の真っ盛り。鹿に紅葉なんて、まるで花札ではないか。あちこちに花札が舞うような麗しい東大寺境内であった。

私のほかに、義援金は宮城県仙台市の葬祭業「清月記」の菅原裕典社長が理事長を務める「ＪＥＴＯみやぎ」、および日本赤十字社奈良県支部にも手渡された。

儀式は東大寺大仏殿で催され、同寺の筒井寛昭《つついかんしょう》別当

からの授与式もそこで行なわれたのだが、大仏を見上げる観光客たちが大勢いて、拝んだり写真を撮ったりしている。儀式が行なわれたのは、坐を組んだ毘盧遮那仏《びるしゃなぶつ》のちょうど腿の上の舞台。こんな経験は二度とできない、そう思うだけで嬉しかった。

南都仏教の方々の袈裟《けさ》は、加行《けぎょう》袈裟または襷《たすき》袈裟などと呼ばれ、紐部を左肩に懸け、右脇へ襷がけに下がっている。なんとなく知的で行動的にも見えるのは、やはりどなたも碩《せき》学《がく》修道であるせいだろうか。

袈裟までひときわありがたく見える晩秋の奈良で、私は「たまきはる福島基金」の活動継続を誓ったのである。

（二〇一五年十二月）

三十五　負けるが勝ち

去年から今年にかけて、じつに穏やかで雪も降らない日々が続いている。年末から紅梅が咲き、蕗の薹までもう出始めている。

そんな状況で特徴的な挨拶は、「このままでは済まないでしょうねぇ」とか、「そのうちドカッと来るでしょう」といったもので、どうも我々は、いずれ必ずバランスがとれるものと思っているらしく、基本的には「楽あれば苦あり」とか、「禍福はあざなえる縄の如し」などの諺に準拠した考え方で自然の推移を見つめているようだ。

その考え方は、確かに震災後のような復興期には頼もしいし、相応《ふさわ》しいだろう。しかし自然はそう好都合に変化するわけではなく、このままずっと雪が降らない可能性だってあるし、逆にこれでもかというほど大雪が続く可能性だって皆無ではない。だいたい我々の自然観は、甘いのである。

それでも日本人は、そんななかから「負けるが勝ち」という凄い諺を作った。これは今は負けてもそのうち勝つという意味ではないし、負けることが次の勝利への礎になるというのでもない。負けることがそのまま勝つことだと、普通では理解できない主張をしているのである。

たいていの諺は、外国語に訳せるものだが、この諺ばかりは訳しようがないと、なにかで読んだ記憶がある。負けること即ち勝つことなどという考え方は、西欧には存在しないらしい。

負けることがそのまま勝ち、ということは、その一瞬のうちに価値観の転換があるということだ。こちらのモノサシでは確かに負けかもしれないが、この価値観だったら勝ちでしょうという転換が、即座に為《な》されるのである。これは言わば、価値観を一本化していない生き方の証左でもある。つまりこんな価値観の中では初めから負けたいという反骨心が、世にはあり得るということではないだろうか。

そんなことを思ったのは、生まれてからずっと耳が聞こえなかったキヨ子さんという女性を、先日八十九歳で見送ったせいかもしれない。この場合は反骨とは無関係だが、彼女が通常の価値観とは別な世界に生きてきたことは間違いない。人の言葉も自分の声も聞こ

えず、それでも彼女は地域の人々に心を開き、「キヨ子語」と言われる独自のジェスチャーや言葉で人々と心を通わせつづけた。

私は彼女に、「天耳院《てんに》」という院号をつけた。また聞こえないがゆえに周囲に「愛敬《あいきよう》」の心を保ったから、「愛敬」という諱《いみな》も付けた。そして道号の部分には、「キヨ子」のキヨをかけて「浄福《じようふく》」と名づけたのだが、これこそ「負けるが勝ち」の人生ではなかっただろうか。

耳が聞こえないことは即ハンディキャップという西洋風の見方が、今や福祉の世界でさえ一般的である。しかしなかには、耳が聞こえないがゆえに至高の「浄福」を達成する人もいるのだと申し上げたい。むろん、もしも聞こえたらどうであったかは知るすべもないのだが……。

（二〇一六年二月）

三十六　妙法

東日本大震災から五年が経過し、なぜか良寛和尚の言葉を憶いだした。ご存じの方も多いと思うが、いわゆる三条大地震のときに、越後の与板で被災した友人、山田杜皐《とこう》宛に出した見舞い文の末尾である。

災難に逢う時節には災難に逢うがよく候。死ぬ時節には死ぬがよく候。これはこれ災難を逃るる妙法にて候。

杜皐自身は無事だったものの、この地震で我が子を失っている。造り酒屋を営み、良寛とは俳句仲間だったらしいが、被災直後にここまで言えるというのは相当に深いつきあいだったのだろう。

手紙の前半では、「地震は信《まこと》に大変に候。野僧《やそう》草庵は何事なく、親類中死人もなくめでたく存じ候」と書き、さらに歌を一首添えている。「うちつけに死なば死なずて永らへてかかる憂き目を見るがわびしさ」これは自分の心境でもあるはずだが、子供を失った杜皐の心にも充分に沁み入ったはずである。

良寛の主張は、そうした人情を踏まえたうえでの自然への随順、『荘子』の説く「大順」であろう。抗《あらが》いようのない自然への、静かな信仰ともいえる境地である。

私はしかしその一方で、もうひとつヴィクトール・E・フランクルの言葉も憶いだしてしまう。「祝福しなさい、その運命を。信じなさい、その意味を」。ナチスによる人災に翻弄され、強制収容所から生還したフランクルは、当然のことだが「自然」などでは納得せず、執拗に人生の「意味」を求めようとする。彼が世界に多大な影響を残した「ロゴセラピー」という心理療法は、「人は自身の生の意味（ロゴ）を発見することで心の悩みを解決する」という信念に基づいている。強制収容所で両親

と兄弟と妻まで失った彼が、「それでも人生にイエスと言う」生き方から産みだした大切な置き土産であろう。

おそらくこの五年、震災で家族を失った人々は、「これも自然」と納得しかけながらも、生き残った自分の生にイエスと言えるかどうか、何度も揺れ動いてきたのではないだろうか。二人の観点の違いは、日本と西洋の違いであるだけでなく、おそらく天災と人災への向き合い方の違いでもある。

震災関連死という人災がらみの死者が多い福島県では、特にその後の「生の意味」が強く求められている。歴史上、完全に否定されたナチスとは異なり、原発は未だ「過ち」とはされず、猶も再稼働されつつある。震災関連死者やその周辺の人々の「死の意味」「生の意味」は、それによって隘路に隠れ、見えにくくなった。

被災者の心のケアに力を入れると国は言うが、それならまず福島第二原発の廃炉を事業者任せにせず、自ら決めるべきだろう（結局、二〇一九年七月三十一日、東電が全四基の廃炉を決定、発表）。そして廃炉のためには、使用済核燃料の最終処分地も決めなくてはならない。妙法はないかもしれないが、多くの人々の死や生の意味を見いだすためにも、奮闘努力していただきたい。

（二〇一六年四月）

三十七　ビッグデータ

「年々歳々花相似たり」というが、そうでもない。今年の桜を眺めつつ裏山を歩いていたら、去年までずっと花をつけなかった枝垂れ桜が、無数の花を咲かせていたのである。私がこの寺に戻った直後に植えた木だから、もう三十年も経つ。その間、一緒に植えた他の木がどれも綺麗な花をつけたのに、その木だけは花の時季にも葉を茂らせていたから、何かの病気だろうと思っていた。隣の桜との距離も近すぎるし、今年咲かなかったら伐るしかないかと迷っていたのである。

まるでそんな私の思いを察知したかのように、桜は驚くべき変貌を遂げた。「男子三日会わざれば刮目《かつもく》して見よ」などというが、三十年にして初めての革命的変化であった。

じつはそこからしばらく墓地を歩いて行くと、去年エアスコップなるもので周囲の地面に穴を開けてもらった桜がある。通気通水をよくした途端に翌日に新芽が吹いたのだったが、枯れかけたその木はどうか、というのが花見散策のもう一つの目当てでもあった。行ってみると、やはりどの枝にも花がついている。これまた感動的な復活ではないか。

一本はエドヒガン系の紅枝垂れ、もう一本は普通のソメイヨシノ。いずれも内部変化の詳細は知るべくもないが、とにかく劇的な変化が内部で起こったに違いない。

そんな木たちの変化を目の当たりにすると、思わず人間世界に目を転じたくなる。「歳々年々人同じからず」と続く劉希夷《りゅうきい》の原作は、昔同じ花を一緒に見た女性が今やいないことを嘆くのだが、「人同じからず」の様相は、死別だけでなく本人の老化や病気による変化も大きい。病中に見る桜と、快癒後に見る桜では「花同じからず」とも見えるのではないか。いや、花が違って見えたからこそ、それを「人同じからず」と表現したのだろう。つまりこの詩は、花が毎年同じはず、と決めつけたうえでの感慨ではないだろうか。

ところで国は、「ビッグデータ」と称する匿名の医療情報を集めて活用しはじめるという。さまざまな病気治療や健康診断の結果などを、本人の承諾なしに集められる機関を作り、新薬の開発や治療に活かすというのだが、その使い方が些《いささ》か心配である。

どうしても数が多い平均的な病気や症状が詳しく割り出され、そのための薬や治療が進歩するようにはなるのだろうが、いわゆる難病・奇病とされる病気の扱いはどうなるのだろう。

先日見送った檀家さんの病気は「進行性核上性麻痺」というのだが、百万人に一人の罹病率だから、日本全体でも患者さんは百人程度しかいないことになる。治療法も薬もないと言われ、本当に同情を禁じ得ない最期だった。先に述べた二本の桜のような革命的事態が、なんとかこういう人々にも起こるよう、是非「ビッグデータ」は市場経済を離れて活用してほしいものだ。

（二〇一六年五月）

三十八　「あさ」

今朝六時半、電話が鳴った。この時間の電話はまず檀家さんの誰かが亡くなったに違いない、そう思って出てみると、やはりそうだった。同級生の父親で、お寺の総代さんもしてくださった朝好《ともよし》さんが急に亡くなったのだ。

じつは二日前に亡くなった女性の名前も「アサ」さんだった。戒名を考えるうちに、いつしか「朝」について考えることになった。

まず「ＡＳＡ」という音だが、まるで一気に目と口を開くような、日本の朝らしい音ではないか。しかも「Ｓ」音のせいか風も感じる。日本人は昔から朝起きると布団を畳んだり干したりした。ぐだぐだ寝かせてはくれない迫力とその動きによる風が、すでに「ＡＳＡ」の音そのものに宿っているのである。そういえば二〇一五年から一六年放映のＮＨＫ連続テレビ小説『あさが来た』はずいぶん高視聴率だったようだが、タイトルの力もあったのではないだろうか。

それに比べると英語の「morning」の何と睡《ねむ》そうなことか。ほぼ同音の「mourning」は悲嘆を意味するのだから無理もない。しばらくは起きてきそうにないが、そっとしておくしかないのだろう。

ところで「朝政」とか「朝野」など、朝を「まつりごと」の意味で使うのは何故なのか。調べてみると古代中国の殷《いん》では、日の出の時に「朝日《ちょうじつ》の礼」というのを行ない、そこで政治上の大事を決定したらしい。「まつりごと（政）」は朝と、決まっていたのである。平城京も平安京も、夜明けと共に出仕して昼には仕事を終えたらしい。

そういえば私の場合も、夜には妄想を逞しくして文章をどんどん書くのだが、そのままの原稿を送ることはまずない。朝の澄明な空気と頭のコンディションのなかでもう一度読み直し、たいていはたっぷり修正してから出すのである。また荘子は一種の悟りの境地を「朝徹」と表現したが、やはり朝にはなにか霊妙な力があるのだろうか。

しかし早朝の電話をかけてきた元同級生の彼女は電

話口で泣いていた。病院の薬剤師をしている彼女は昔から純情そのものだったし、父親が亡くなって泣くのはべつに不思議ではない。しかしどうも泣き方が激しい、というか深い気がした。あとで「お知らせ」に来てもらい、話を伺うと、案の定、彼女が少し目を離していた間にたまたま父親が亡くなり、彼女はそのことに自責の念を感じて夜中から眠っていなかったのである。

病院で死亡が確認されたのは夜の十一時五十分。旦那さんと一緒にお寺に来たときも彼女の目は真っ赤だった。「あさ」が日本の朝らしい力を発揮するのは、ぐっすり眠って起きたあとの朝だけなのだと知った。

しかし「百箇日」を「百朝忌」とも呼ぶように、人は朝を重ねて確実に悲しみを薄めていく。漢字の「朝」は「月」が半分を占めるが、やがて「日」が「草」を耀かせる。

（二〇一六年六月）

三十九　レジリエンスと「寿《ことぶき》」

先日、横浜のパシフィコで第十六回日本抗加齢医学会総会が行なわれ、そこで講演する機会があった。事前に分厚いプログラムが送られてきたのでパラパラ眺めていると、「レジリエンス（resilience）」という言葉が目についた。

以前にずいぶん馴染んだ言葉だと感じたのだが、なるほどそれは『阿修羅』（講談社）を書くため、精神医学の本を読みあさっていたときだと気づいた。

レジリエンスはストレス同様、もとは物理学用語であり、ストレスが「外圧による歪み」を表すのに対し、「外圧による歪みをはね返す力」、場合によっては「外圧でも歪まない力」を意味する。「極度に不利な状況でも、平衡状態を維持できる能力」という定義もあるが、たしかに似たように不利な状況でも、ストレスの大小には個人差がある。要は「心のしぶとさ」の違いであり、それを心理学や精神医学ではレジリエンスと呼ぶのである。

抗加齢医学と聞くと、どうしても「アンチ・エイジング」という言葉が浮かび、加齢に抗うなんて無駄なことじゃないかとも思う。しかし「抗」にレジリエンスの意味合いを読み取れば、すっと諒解できる。つまり加齢をものともしない明るく肯定的な心の在り方ではないか。

慶應義塾大学医学部精神神経科学教室の三村將《みむらまさる》先生は、私に『しあわせる力』（角川SSC新書）の内容に準じた講演を要請してくださった。どうやら「しあわせ」という和語の由来や変化を知るだけでも、心のレジリエンスは高まると考えてくださったようだ。

私は「しあわせ」がもともと「仕合わせ」という受け身の対応力であり、その直観的対応力を歴史的に高めてきたことを検証した。しかし何と言っても「抗加齢」に直結するのは、むしろ「寿」に「ことぶき」という和語の訓《よ》みを当てたことではないだろうか。

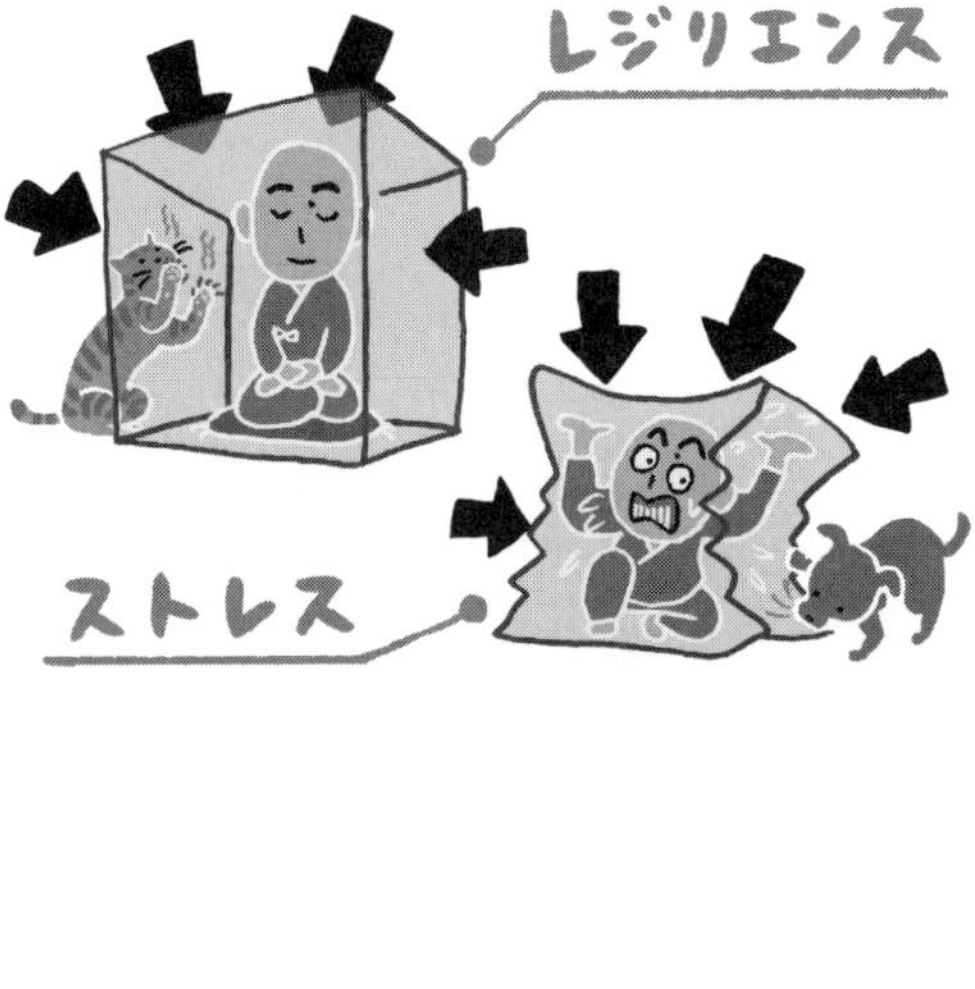

「寿」の本来の意味は「いのちながし」、だから一字で長寿を意味する。それを知りつつ日本人は、だったら「言祝《ことほ》ぎ（言葉にして祝うこと）」が大事だよね、と訓みに採用した。それが転訛《てんか》して「ことぶき」になったのである。

男（女）に生まれ、この町でこの職業をして誰かと暮らすことも「めでたい」し「ありがたい」と思う。自分の境遇をまずは祝福し、あとは雨が降っても、事故に遭っても、さらには地震に遭い、ガンになっても、「良いお湿り」「この程度で済んでよかった」「人生を考え直せた」と、なんとか日本人は言祝ごうとする。ここでは好悪の感情が対等とは見《み》做《な》されず、好むことは能力だが、嫌うのは単なる欲望と捉えられている。限度はあるにしても、「寿」の一字で我々のレジリエンスは相当手厚く支えられている。

（二〇一六年七月）

四十　ほの三か月

七月になると、なぜか出羽《でわ》三山が憶《おも》いだされる。一度しか行ったことはないが、その体験が鮮烈だったのである。

湯殿山、月山、羽黒山それぞれに特徴があり、なかなか一言では表現できないが、そこには古代から続く神仏習合がある。いや、分離した今ではそんな言い方になるが、これこそ古代の渾然とした我々の普通の信仰だったのだろう。地域の出羽三山講中に混じり、二泊三日のバス旅行。それじたいも楽しいが、見るもの聞くもの不思議で面白かった。

印象が強いので最初に行ったように思えるのだが、湯殿山の赤い土がまず浮かんでくる。白装束の神主のような人が現れ、いきなり「般若心経」を唱えだしたのには驚いた。しかも手には神道の祭祀で用いられる御幣のようなものを持ち、それを「梵天」と呼ぶ。神なのか仏なのかはっきりしてほしいと思うのは、私が近代の考え方に染まってしまったせいなのか……。堅固な足許が揺らぐような動揺を感じた。

やがて先達（案内人）さんに率いられ、雪の残る山道を登りだす。夏山の空と足許の雪のコントラストに感激も一入《ひとしお》だが、あまりに速く歩く先達さんに岩だらけの道を歩くコツを教わった。それによれば「どの岩も、お坊さんの頭だと思いなさい」とのこと。「妙な場所を踏めばお坊さんの首の骨が折れるでしょ」「どの岩も、ここなら大丈夫って言ってますから、そこ踏んでください」。ずいぶん荒っぽい案内とは思ったが、とにかく言われたとおりそのことばかり気にして歩くと、全身が自然に踊るようにうねってくる。歩幅や足を置く角度もまちまちになるから、パターン化せず、意識も集中しつづけるのだ。

ようやく月山の頂上に着くと、人形《ひとがた》の紙を渡され、自分の体の悪い部分を撫でてから、小さな小川に流すようにと言われた。「それじゃ道教じゃないか」と思うが、「道教でなにか問題でも？」と、谺《こだま》のような反問が先達さんの笑顔から届く。

羽黒神社のほうへ降りていくと、恐ろしく立派な五重塔が鬱蒼とした林の中に佇んでいる。いったい

どうやってここまで材料を運び、造りあげたものか、不思議で仕方ないが、もう不思議だらけで頭がうまくはたらかない。投宿先は先達さんの住む宿坊。真言宗の寺院だが、内陣に「蛇」や「神様」像まで祀られていて思わず笑った。

修学旅行のように楽しい夜、トイレの窓から三日月が見え、思わず芭蕉の句が憶いだされる。

涼しさやほの三か月の羽黒山

この「ほの」が、私は好きだ。神と仏も、仏教と道教も、近代が無理に引きはがす以前は「ほの」としか識別できなかったのだろう。

どういうわけかこの旅のあと、私の体は絶好調が十日以上続いた。お坊さんの頭踏みの功徳か、それとも「ほの三か月」の御利益か。

（二〇一六年八月）

四十一　鎖国と和算

私の住む三春町で、最近和算の額が話題になっている。和算とは、江戸時代にこの国で独自に発達した数学だが、町内の神社仏閣から、和算額と呼ばれる絵馬のような額がたくさん見つかっているのである。

和算といえば、関孝和が有名だし、冲方丁《うぶかたとう》氏の小説『天地明察』は私も夢中になって読んだ。しかし東北地方には、関流とはまた違った和算が発達した。その中心人物が三春藩校「明徳堂」で算学を教えた佐久間庸軒《ようけん》だったのである。

二千人を超えるその弟子たちの中には、むろん武士の子弟が多かったわけだが、農民や商人もいた。そこでは身分や立場を超え、とにかく和算の難問を解くことだけを競い合ったようだ。農民や商人は仕事を終えてから庸軒の私塾に通い、そして朝までに数里（一里は約四キロ）もの道のりを歩いて戻ったというから驚く。いったいその情熱はどこから湧き出てきたのだろう。

試しに二〇〇九年に三春厳島神社から発見された和算額の術文（問題）をご紹介しよう。

「今、蛇有り。其の長きこと十尺有り。是れ「の」の字の形に巻くとき者《は》、其の中径何程なるや（但し円周率には三・一六を用いよ）」。社殿の格天井《ごうてんじょう》には多くの絵が描かれているため、松の枝下でその幹と桜の花を巻き込む大蛇の絵が、まさか和算額とは思わなかったらしい。「字古内《あざふるうち》　渡辺市郎」との記名があり、額には答えも書かれているが、こうして難問を解くと算額の制作を依頼し、解読を神仏に感謝しつつ自分の業績をも世に知らしめたのである。

時には自分の考えた難問だけを描いた算額を奉納し、ライバルたちに挑戦状を突きつけることもあった。こうなると、神社仏閣はもはや知的格闘場と言ってもいいだろう。

和算の術文
（問題）です
「の」の字に巻くと
その中径は…
?

こうした神社仏閣における身分を超えた交流や知的訓練が、やがてこの町に芽生えた自由民権運動なども準備したのではないだろうか。

この額が奉納されたのは明治十八年。国会（旧帝国議会）の開設は五年後になるが、この年の年末に初めての第一次伊藤博文内閣が成立している。年表を見ると、同じ年に関西地方に大洪水があって大阪のほぼ全ての橋が流され、また清国からの独立を願う朝鮮半島の、日本もすっかり巻き込んだクーデター、甲申《こうしん》事変がようやく天津条約で終結する。

天災も、日朝あるいは日中の緊張関係も、昔とあまり変わっていないような気はするが、当時はまだ鎖国時代に爛熟した学問的情熱の余燼がくすぶっていたのが大きな違いだろうか。

そういえば、三春から殿様が転封になった岩手県の一関では、関流の和算が非常に盛んだった。学問的情熱を産みだす要因には、もしかしたら鎖国した国内での人の移動も関係していたのだろうか。とにかく今は、皆で和算に没頭できるような平安を夢見るばかりだ。

（二〇一六年十月）

四十二　デスモスチルス

先日、久しぶりに北海道に行ってきた。帯広空港の北東にある本別町《ほんべつちょう》という小さな町、と言いたいところだが、人口は少ないものの面積はやたらに広い。ちなみに隣の足寄町《あしよろちょう》は日本一広い町で、その面積は香川県より少し狭い程度というから凄い。本別町はそれに比べればかなり小さいとはいっても名古屋市と同程度である。

お招きいただいたのは、「母から子への手紙」コンテストで審査員をご一緒している末《すえ》利光《としみつ》氏のご縁。神田甲陽という講談師でもある末先生は、もともとＮＨＫのアナウンサーで帯広放送局が振りだしだった。その関係で本別町の図書館ボランティア「ぶっくる」の面々に朗読指導などもしており、図書館主催の講演会にご紹介された次第。

とにかく豆が美味しいため、味噌も納豆もお菓子も美味しい。牛肉も地場産があり、ワインは隣の池田町が生産している。十月半ばすぎだったのに「十勝晴《とかちば》れ」に恵まれ、講演は二席あったもののゆったりした時間を過ごしたのである。

ただ、今回の旅の印象は、というと、じつは本別町から日本軍の軍馬として出陣していった馬たちと、標題のデスモスチルスが圧倒的だ。

日本軍のほとんどの軍馬は本別町で生産され、訓練され、出陣して戻らなかった。その馬たちや、陸軍省軍馬補充部の十勝支部員として育成に関わったバロン西氏（一九三二年ロサンゼルスオリンピック馬術障害飛越競技の金メダリスト）などの展示が図書館の隣の資料館にある。

戦死した馬たちの写真は、三日目に体験した北海道の雷雨のように衝撃だったが、これはあまり深く想像したくない。むしろ資料館の表に鎮座する奇妙な生き物に、どんどん想像は膨らんだのである。

デスモスチルスとは、昔北海道が海で分断されていた頃（というより、幾つかの島がまだ大きくまとまっていなかった頃）その海に棲《す》んでいた半海棲の哺乳類だというのだが、体長は幼獣でさえ一・八メートルもあり、体重は三百キロにもなったらしい。

岐阜県でも頭骨が発見されているから、昔は日本を含む北半球の太平洋沿岸に、相当多く棲んでいたよう

だ。デスモスチルスとはギリシャ語の「束」と「柱」に由来する名前で、その柱のような歯の構造から、昆布などの植物を食べていたと推測される。

隣町の足寄動物化石博物館に行くと、研究熱心な学芸員がじつに詳しく説明してくれたが、そこにはデスモスチルスの祖先獣とも言えるアショロアの復元骨格模型も展示されており、誠に興味が尽きない。

なにゆえカバやウミガメは生き残り、デスモスチルスは絶滅してしまったのか……。アザラシやアシカはともかく、トドには敵《かな》わなかったか……。などと考えていると、デスモスチルスはこの世では生きにくいほど不器用で優しい動物に思えてくる。たぶん、そうとは限らないのだろうが……。


（二〇一六年十二月）

四十三　古梅園の墨

先日、奈良トヨタから講演に招かれ、師走の奈良にお邪魔してきた。社長の菊池攻《おさむ》氏は、毎回講演翌日に近隣の小旅行を計画してくださる。これまでにも東大寺や西大寺、信貴山《しぎさん》や吉野の金峯山寺《きんぷせんじ》、あるいは壺阪寺《つぼさかでら》など、滅多にお邪魔できない処にお連れいただいた。しかも通常の拝観と違い、心臓部直接、という感じも堪えられない。今回も唐招提寺と薬師寺を廻る贅沢なコースだったのだが、その前に古梅園に立ち寄った。古梅園といえば、なんと十六世紀から墨を商う老舗である。筆を使う方なら一度はその名前を見たこともあるに違いない。案内に出てきたのは松井晶子さんという若い女性で、彼女が社長だというから驚いた。

およそ七百坪もある敷地の中央を、二本の鉄路が貫いている。平らな板を載せたトロッコのような台車で、制作途中や完成した墨を然るべき次の場所に運ぶのである。広い敷地を制作過程順にご案内いただいたのだが、墨が煤と膠《にかわ》と香料で作られるのは知っていたが、昔ながらの作業現場の在りようには些か度肝を抜かれた。

最初の暗い部屋では、菜種や胡麻、松などの植物油を土器に入れ、藺草《いぐさ》の髄《ずい》を編んだ燈芯を燃やして煤を取る。煤が満遍なく土器に着くよう、二十分ごとに作業員の方が土器を回転させるという。無数の炎が暗室に揺らめき、男性二人が作業に当たっていたが、これは相当大変な仕事である。

また龍脳や麝香《じゃこう》などの香料を加え、煤と膠を練り上げる現場では、私も手で握って「握り墨」を作らせていただいた。これは洗浄と乾燥が施され、完成品が後日届けられる仕組みである。

そのあと我々は、墨を乾燥させる部屋に入れていただいたのだが、これがまた凄かった。最初は湿った灰をかぶせ、急激な乾燥をむしろ防ぐ。順次乾燥した灰に変えられ、やがて藁にきれいに吊されて自然乾燥へと向かうのだが、この灰交換作業がすべて一人の熟練者に委ねられている。私は思わず若い社長に訊いた。「完全に分業ですか」「はい」「じゃあ誰も風邪もひけませんね」「そうなんです」。以前職人さんが風邪を引

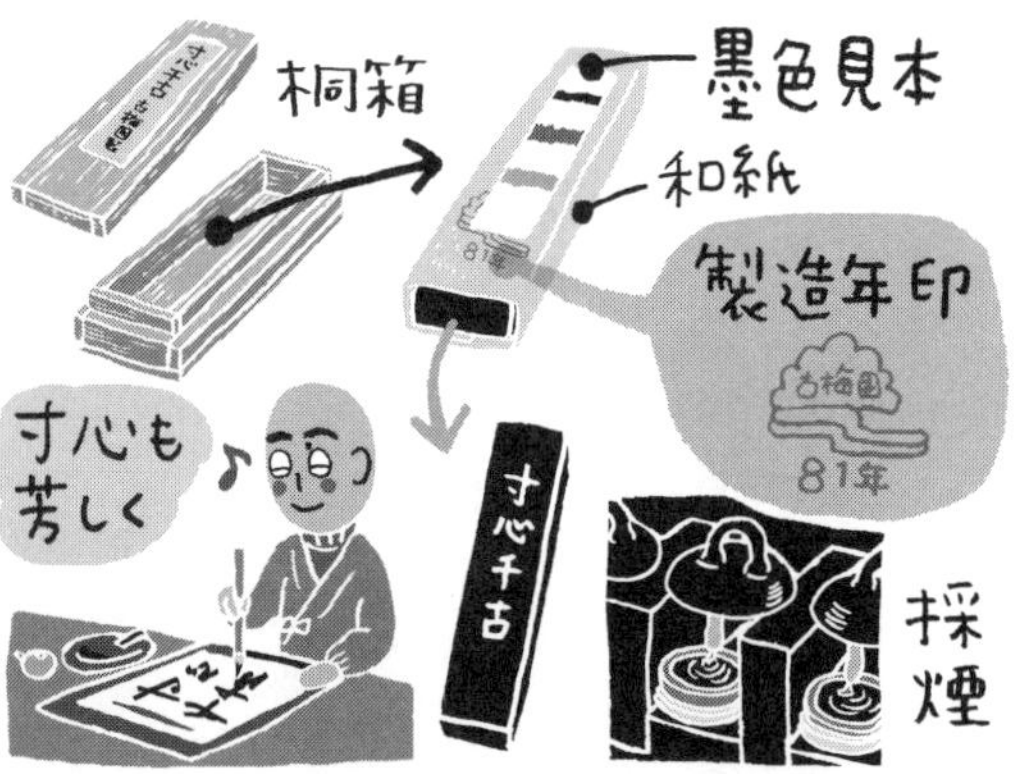

いたときの、皆が大変だった様子を彼女は話した。ご紹介したことのある「レジリエンス」という観点からすれば、恐ろしくそれが低いシステムというしかない。しかし私は、呆れるほど綱渡りなこの老舗のやり方に、なんだかワケの分からない感動を覚えていた。

驚きのあまりか、案内された通路のどこかに私は名刺入れを落としたらしい。唐招提寺でも薬師寺でもそれがなくて往生したのだが、拝観を終えて奈良トヨタに着くとすでに名刺入れが極上の松煙墨と共に届けられていた。若い松井社長自ら届けてくださったというのだが、やはりシステム化できない個人の働きはいつだって感動的である。墨はもう古梅園に決めた！

（二〇一七年一月）

四十四　土と建物のおもしろい関係

先日、庫裏の建築をめぐって今年初めての工程会議が開かれた。毎月たいてい一度は設計士の前田伸治先生（「暮らし十職」主宰）がお出でくださるのだが、この日も遠く伊勢から駆けつけてくださった。

いつも工程会議を進行する加藤工匠の現場監督をはじめ、電気屋さん、ポンプ屋さん、基礎屋さんなど、今回は庫裏の地盤に関わる面々が集まった。現在、庫裏は「あげ家」さんによって地上二メートル以上持ち上げられており、その状態で基礎づくりをするのだが、その際ちょっと変わった工夫をしようと今日の会議になったのである。

五分ほど遅れてきた矢野《やの》智徳《とものり》さん（「杜の園芸」）に皆の目線が集中する。今日の会議では土壌の専門家である矢野さんの考え方を皆に納得してもらいたい、それが私と女房の願いであった。

簡単に言ってしまえば矢野さんは、土を生き物として捉え、その呼吸をさまざまな方法で促す。通常の庭や神社仏閣の境内であれば、水脈に繋がる深い溝を掘り、底に炭や竹、土や枯れ木、落葉などを被せる。自然界に似せ、踏まれても閉じきらない強靭な通気通水ルートを確保するのである。

以前、墓地の桜を甦らせる話としてご紹介したと思うが、今回は建物の基礎への応用。いずれ地球規模で弱っている土の賦活の話である。

土木建築業界の常識から言えば、土を掘って砕石を敷き、その上に鉄筋を組んで厚いコンクリートを打つのが「ベタ基礎」。堅く頑丈にとは思っても、その下の土のことまでは考えていない。パイルを打つ場合も、堅く頑丈な度合いを増やすだけで、基本的に土は無視である。

しかし矢野さんは、土が呼吸できなければその地盤はやがて死ぬと言う。うちの庫裏の場合は近くに池があるから、水は通さず空気は通すのが望ましい。また水が澱まないよう周囲に通路を作っておきたい。水が澱まず空気が通れば好気性の細菌が増え、土が活性化して荷重耐性も増すというのだ。

おそらく土木建築界の常識のなかには、こうした土への視点はまだ皆無に等しいだろう。果たしてこの考え方が彼らに納得してもらえるものかどうか、私たち夫婦はハラハラしながら矢野さんの説明をひとしきり見守っていたのである。

しかし案ずるより産むが易し、まず設計の前田先生が「面白いなぁそれ、じつに面白い」と言ってくださり、未経験だけどやってみようという雰囲気になった。「面白がる」空気はすぐさま伝播し、一番の冒険に挑む基礎屋さんも納得し、砕石の下に炭を敷き、コンクリート数平米当たり一カ所ずつパイプ（径八十ミリ）を通すことも諒承してくれた。「これ、皆が納得して進めるんだから絶対うまく行きますよ」と、前田先生は明るく宣言してくださった。

会議のあと、矢野さんは皆を庫裏の下に案内し、スコップを持って昔ながらの地面の表土を剝いでみせた。石場建てだった庫裏のくすんだ地面の下から、一削りで明るい色合いの土が顔を出した。さらにスコップを立てると、あまりの土の軟らかさに皆が驚いたのである。

「土俵と一緒で、これが水は通さず空気は通す、理想の土ですよ」

矢野さんの言葉にまた前田先生が「おっもしろいなぁ」と声をあげた。このとき私は日本建築の明るい未来を予見したのだが如何だろう。

ようやく庫裏の前庭部分まで改良が済んだばかりの地面に、明日八トン車が入る。些か早すぎる試練ではあるが、私は生き返りつつある土の力を信じたい。

（二〇一七年二月）

四十五　おおブレネリ

先日、スイス在住の日本人音楽家たちのコンサートを開いた。主催は私が理事長を務める「たまきはる福島基金」（http://www.osyf.or.jp/）で、スイス大使館や内閣府などの後援もいただいた。

アルト歌手の沓沢《くつざわ》ひとみさん、ピアノの岩井美子《よしこ》さん、ギターの西下晃太郎《にしたこうたろう》さんを中心に、福島市の橘《たちばな》高校の管弦楽部が演奏に加わり、さらに地元の小中学生たちも合唱に参加してくれた。沓沢さんと大学時代の同級生であった深瀬《ふかせ》先生が橘高校管弦楽部の指導をしているご縁で、このような盛大な音楽会が実現したのである。

「ふくしま復興支援コンサート〜スイス国と共に」と銘打っての催しであったが、思えば震災後、基金にはスイスからのご寄付が多い。どういうわけかと考えてみると、どうやら震災後のテレビ報道のせいらしい。私のところにやってきたテレビ局は、記憶を探るとフランス、ドイツ、スイス、中国。スイスの公用語には、フランス語とドイツ語とがあるため、じつは独仏で作られた番組もスイスで放映されている。つまり自国の番組と合わせ、福島の様子を最も頻繁に視たのがスイスの人々だったのである。

ところで、スイスと日本のつながりはじつはもっと前まで遡る。終戦後の一九四九（昭和二十四）年、スイス民謡を元に作られた「おおブレネリ」は、誰しも聞いたことがあるのではないだろうか。これは大阪ＹＭＣＡの主事だった松田稔氏が訳詞したらしいが、人々を鼓舞し、励ますようなメロディーと違い、その詩は意味深長である。

「おおブレネリ、あなたのおうちはどこ？」「私のおうちはスイッツランドよ、きれいな湖水の畔なのよ」と始まるが、一番で家の所在を訊いたあと、二番では「あなたの仕事はなに？」と尋ねる。これまた「わたしの仕事は羊飼いよ」と答えるが、「狼出るので怖いのよ」。

終戦後の日本人にとって、狼とは闇市などに横行する犯罪者のイメージだろうか。この年、日本人で初めて湯川秀樹博士がノーベル賞を受賞するが、松川事件などのミステリアスな事件も多く、世相はまだまだ不安定だった。まだ家や仕事のない人々を、この歌は「ヤーッホー

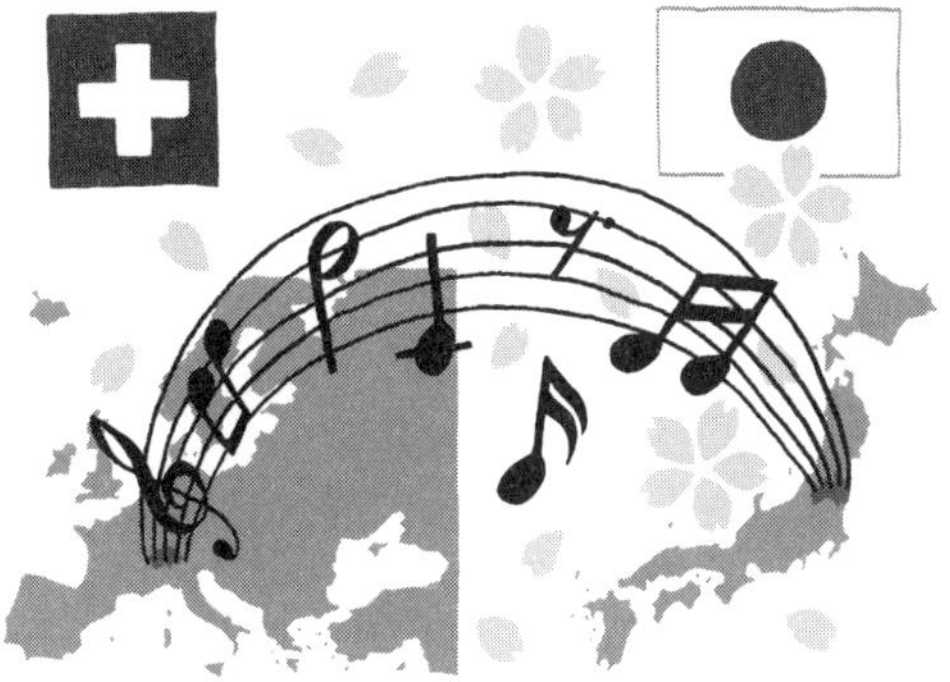

ホトララ」と明るく励ましたかったのではないだろうか。

この歌を今の福島県で聴くと、つい「スイッツランド」を「双葉郡」と置き換えたくなる。家はどこ？　双葉郡よ、きれいな海の畔だった。歌は更にブレネリつまりフレニーちゃんに「あなたの心はどこ？」と訊く。「私の心は山の彼方。なつかし故郷の双葉郡よ」。まだ家に戻れない八万人ちかい人々は、きっとそう答えるだろう。

じつはその後、この歌詞をあまりにあてどないと思ったのか、東大の音感合唱研究会が、追加訳詞している。「おおブレネリ、私の腕をごらん、明るいスイス（双葉）を作るため、狼必ず追い払う。ヤッホー〜」「おおブレネリ、ご覧よ、スイッツランド（双葉郡）を、自由を求めて立ち上がる、逞しいみんなの足取りよ、ヤッホー〜」

今の双葉郡あるいは福島県の人々にとって、狼とはいったい何か。原発なのか、それとも教室の電灯を消し、「放射能浴びてるのに光らないね」と言う無理解な教師なのか……。おそらく両方なのだろう。そうだとすれば、「狼必ず追い払う」のはそう簡単ではない。

しかし今回のコンサートの素晴らしさは、スイスの人々に励まされるだけでなく、自由を求めて立ち上がり、逞しい足取りと見事な腕を子供や若者たち自身が見せてくれたことだろう。私の中では、歌われなかったこの曲が終始どこかで鳴り響いていたのである。

（二〇一七年三月）

四十六　月下氷人

最近、じつは頼まれて仲人を務めることになった。今の若い世代は仲人など頼まず、神仏も頼まず、人前結婚などという気楽なスタイルが多いようだが、新郎がお寺の副住職ではそうもいかない。

つくづく思うのだが、結婚に至る手続きが気楽になればなるほど、気楽に別れるケースが増えているのではないだろうか。入籍のみ、というやり方に至っては、除籍すればそれで済む。

好感を持っていた青年僧侶だし、若い二人を心から祝福したいと思って引き受けたのだが、こうして仲人が立てば別れにくさは格段に増す。引き返せないと思わせる面倒な要素を、一つでも増やすのが賢明な結婚ではないかと、余計なことまで思ってしまったのである。

余計なことと言えば今回のテーマの「月下氷人」も余談のようなものだ。以前から仲人を「月下氷人」と謂《い》うのは知っていたが、意味がわからなかった。月の下の氷の人？　そのまま読めばいかにも冷徹で無情の人とも思えるが、これがどうして仲人や媒酌人なのだろう？

どうも諸説あって確信が持てないのだが、「月下老」と「氷上人」とが合流したという説を元に考えてみた。合流も確かにあり得るだろうが、わざわざ「老」や「上」を抜き「月下氷人」の四文字で表現した意味が、そのままでは理解できないからである。

「氷上人」の話の中心は、氷の上にいて氷の下の人と話した、という夢の解釈である。中国の晋の索耽《さくたん》という占いの名人は、氷の上は陽で下は陰だから、その夢は君が結婚の媒《なかだち》をしてうまく行く前兆だという。しかも結婚が成立するのは氷が解けた頃だというのである。

実際そのとおりになったから、この話が残ったのだろうが、ここで「氷」とは何かと、私は考えてしまう。

男女を隔てる氷は、やがて解けるわけだが、仲人はその氷が解けるまえに両者の間を動き廻らなくてはならない。つまり、結婚にはむしろお互いのことが「よく解らない（氷が解けていない）」ことこそ重要で、氷のあるうちに奔走して両者を盛り上げ、まとめることこそ肝要だと、そう告げているのではないだろうか。

その文脈に沿って「月下」に目を移すと、これはどうしても「夜まで」と読める。仲介のための活動が月明かりの下でも続くイメージである。それとも月のもつ不思議な力を借りるのだろうか。

本来の「月下老」の話は、不思議な老人（じつは縁結びの神）が赤い紐を結び、十数年後の結婚を予言して的中させた故事だが、なにゆえ「月下老」と呼ばれるのかはよくわからない。

総合すると、「月下氷人」とは、お互いよく解らない（氷がある）うちに月の力も借りて夜中まで婚姻を目指して活動する人、ということになるが、むろん私のような頼まれ仲人は埒外である。

『詩経』にも「若者よ、もし妻をめとるならば氷の解けきらない冬のうちに」という意味の詩句があるが、今回は余計なことを考えるうちに「解らない（氷がある）」ことの重要さに辿り着いた。

もしかすると、結婚が破綻するのは相手を「解った」と思ったときではないか。「解らない」ことは相手の魅力にも繋がり、そう思う本人の謙虚さでもある。

ちなみに仏式の結婚式でも三三九度は行なうが、これ

は同じ「三」が掛け合わさって「九」（＝永遠）を誓い合う儀式である。我々僧侶の行なう三拝九拝（永遠の帰依）と同じ意味合いだが、帰依も結婚も、「解らない」と思えばこそ「永遠」の道になるのではないか。

（二〇一七年四月）

四十七　稚児行列

五月五日、子供の日に、わが三春町では恒例の稚児行列が行なわれた。大正時代から続く伝統行事だが、今年も快晴に恵まれ、のどかに平和裡に円成《えんじょう》した。

稚児行列とは、幼な子たちを仏さまの子供とみなし、その健やかな成長を願って行なわれる。きらびやかな服装はおそらく平安貴族に倣ったものだろう。先頭を色とりどりの旗を持った「旗持ち」の子供たちが歩き、続いて張り子の白象が山車に乗せられて運ばれ、その後ろで裃を着た奉行が稚児たちを引導する。母親や父親に手を引かれた稚児たちの頭には烏帽子や冠がキラキラ光っている。

毎年のこととはいえ稚児たちも毎年変わるから、前日から集まって衣装の着付け方やお遊戯の練習をする。今年は三歳から四歳、五歳という低年齢が多かったため、だっこした母親から離れない子がいたり、駆けまわる子がいたり、なかなか大変である。

当日も早くに集まり、沿道の人々に配る風船を膨らませ、あるいは甘茶の接待のため割烹着を着たおばさんたちも駆けつけてくれる。その頃、三春仏教和合会のおじさんたちは、トラックに乗って張り子の象を倉庫から出しにいくのだが、これがじつに立派な象なのである。

　もともと象はインドの聖獣だが、お釈迦さまの母親の摩耶夫人が白象の夢を見てブッダを身籠もったとされる。だから稚児行列には白象がつきもの。三春町の象は戦争による二十年ちかい中断のあと、各寺院の和尚たちが托鉢によって資金を集め、指物大工を中心にした有志に作ってもらったらしい。平成になってからも、やはり有志で補修し、色も塗り直した。移動しながら象の腹の下で子供が太鼓を叩くのだが、象の土台はすべて青空と白い雲のデザインである。

　籠に乗る人担ぐ人、そのまた草鞋を作る人とはよく言ったもので、単に子供たちが着飾って歩くだけの行事に、じつに多くの人々の精魂が込められてきた。やはり子供たちあっての未来だし、人はそのためならどんな努力も惜しまないということだろうか。

　戦後に再開された稚児行列では、子供の参加が毎年百人を超えていた。最近はおおむね二十人前後である。また毎年、象を牽《ひ》く男性スタッフは高齢化し、それは即ち象の高齢化とも見える。

「いつか本物の象を呼ぼう」

長年行事を手伝ってくれたパン屋さんがそう言い、準備会で酒を飲むたびにその話が出る。サーカスに借りると幾らかかるとか、話はいつも出るのだが、どうも実現しそうにない。

もし本物の象が歩いたら、観衆は黒山になるかもしれないが、行列の主人公は象になってしまうだろう。なにより警察などの警備だらけになり、のどかさが失われてしまう。この行事の素晴らしさは、なにより無上の「のどかさ」だと私は思う。

どういうわけか私はここ何年も、着付けの済んだ稚児たちに銀白い鼻筋を入れる係を仰せつかってきた。稚児の鼻筋を通すことにかけてはもうベテランである。両親に伴われ、まだ子供たちが椅子に坐った私の前に立つ。その眼は開かれていたり閉じられていたりさまざまだが、すっと銀白い筋が入ると一気に香気に包まれるように思えるから不思議である。

みんなで藩校跡の明徳門下で記念撮影し、いよいよ歩きだす。いよいよといっても三歳児のスピードはあくまでのどかでだらだらしている。この緩慢なテンポこそ平和の徴ではないか。お寺に着いてお遊戯が終わる頃には鼻筋も消えているが、それもきっとブッダの無常の教えである。


（二〇一七年五月）

四十八　喉仏の効用

このところ、誤嚥性肺炎で亡くなる方が増えている。長年、死因の第一位はがん、第二位が心臓疾患、第三位は脳血管障害というのが不動の順位だったのだが、二〇一一年に肺炎が四位から三位に上昇し、今も三位を保っている。実際には、がんの方でも直接的には肺炎で亡くなったりしているため、もっと上位かもしれない。

肺炎の菌は健康な人でも口の中に常在している。だからほとんどの肺炎の原因は、自分の口中の菌を食べ物と共に誤嚥し、それが気管から肺に入ってしまうことだ。なぜそんなことが起きるのかといえば、喉仏の周りの「喉頭挙上筋群《こうとうきょじょうきんぐん》」が衰え、筋肉が全体的に下がってしまうため、気管の蓋が閉まりにくくなるからだという。

思えば喉は、呼吸・嚥下《えんげ》・発声を同時にこなす絶妙な交差点である。嚥下のときは、瞬時に鼻に抜ける通路と肺に向かう気管に蓋をする。それは〇・五秒の速技らしく、そのタイミングが少しずれただけで誤嚥が起きてしまう。ならばこの喉頭挙上筋群を鍛えることが重要になるわけだが、どうすればいいのだろう。最近読んだ『肺炎がいやなら、のどを鍛えなさい』（飛鳥新社、西山耕一郎著）に詳しい指南があるのでそこから紹介してみよう。

まずはシャキア・トレーニング。これは私も以前からしているのだが、夜布団に横になったとき、枕をはずして首を挙げ、自分の足の爪先を見続ける。一分ほどそのまま保つとおそらく首に震えがくる。普段いかに首を鍛えていないか、実感するはずである。

次は「嚥下おでこ体操」だが、これは片手の手根部で額を押さえ、額と手で本気に押し合って力が拮抗した状態を数秒保つ。こちらは起きて机に向かっている時などに相応しい。更に折り返し「顎持ち上げ体操」。今度は顎先に両手の親指を当て、顎と指先とで同じように力一杯数秒間押し合う。数秒ずつ数回繰り返すうちに、喉仏がだんだん持ち上が

り、首の皺も減っていく寸法である。

西山先生によれば、六十歳を過ぎると誰でも喉仏が下がりはじめるらしく、特に男性の下がり具合が顕著だという。「喉仏」とは、たまたま火葬にした第二頸椎が、連結部位も含めて坐を組んだ仏さまに見えるため名付けられたようだが、生体でもじつに大切で微妙な喉の機能を、外側にわかりやすく見せてくれる存在だったのである。

同書には、ほかにカラオケや「Think swallow」(飲み込むと意識して飲み込むこと)などの意義も詳しく説かれ、カラオケではお勧めの曲まで紹介している。高音と低音を交互にだすのが効果的らしいが、お経でそれができないか私も現在研究中である。ともあれ誤嚥性肺炎を防げれば、日本人の寿命は更に十年ほど延びるというのが西山氏の持論。ご興味あれば是非ご一読のうえ実践していただきたい。

呼吸が大切なことは洋の東西を問わず常識だろう。お釈迦さまは『大安般守意経(アーナ・アパーナ・サティ・スートラ)』(呼吸に意識を置く大切さについてのお経)を説いたし、創世記二章七節には「神は人間の鼻に命の息を吹き込んだ。それによって、人間は生ける者となった」とある。しかしよくよく考えると、呼吸も嚥下も発声もすべて喉が一体化して行なう不即不離の絶妙な仕事である。そこに神や仏がいると思ったとしても不思議はない。

そういえば、ネコはどんなに高い所から落ちてもまず喉を地面に向け、それから頭と全身を喉に合わせて捻るらしい。喉頭挙上筋群を鍛えればネコみたいに喉が鳴らせるようになるかどうかは知らないが、せいぜい喉仏を引き上げ、肺炎だけは防ぎたいものである。

(二〇一七年七月)

四十九　お墓と「くさはら」

以前、熊本県の阿蘇で見た美しい草原《そうげん》を、最近よく憶いだす。じつは大雑把に草原といっても「自然草原」と「二次的草原」があり、阿蘇の草原は後者に属する。つまり自然のままに放置すればいずれ森林になってしまう場所が、定期的な採草や放牧、さらには野焼きなど人為的な営みによって草原状態に抑えられているのである。

同じ言い方をするなら、人が草引きという営為を繰り返し、草のない状態に保ってきたのがお寺や神社の境内ではないだろうか。皇居や伊勢神宮などには草むしりの奉仕団体が全国から無数に訪れる。草のない地面は、いわば日本人の勤勉さと美学に支えられ、日本の美の一部としてあちこちで保存されてきた。うちのお寺もこの地に遷って五百年以上、そんな状態が保たれてきたのだと思う。

それでも昔は、石垣には隙間を残したしコンクリートもU字溝も使わなかったから、土もなんとか呼吸ができた。しかし今では周囲を密閉され、しかも草が次々抜かれるため、土の通気通水ができなくなっている。堅くなった土には木の根も伸びられず、大雨が降ると吸収できずに表土が流される。悪循環である。

境内の桜の下枝に枯れ枝が目立つようになったのは数年前からだろうか。下枝が枯れるのは表土の問題、上のほうが枯れるのは深層土の問題である。そこで私は、このままではいけないと、今年から境内に草を生やすことにした。「境内の土を柔らかくするため草を生やしています。お見苦しいかもしれませんが、抜かないでくださいネ　山主敬白」と書いた立て札も立てた。

境内については、やがては苔一面にしようと、竹藪から杉苔を採取してきて少々移植した。雨が降ると胞子が拡散して苔も広がるため、今年は雨がやけに楽しみだった。そのうち土壌改良にはひげ根を張るイネ科の草が望ましいと聞き、燕麦の種も蒔いてみた。しかし無精をして一部しか土をかけなかったため、大挙して雀が押し寄せてほとんど食べられてしまった。やはり勤勉なこれまでの習慣に対抗するのに無精を以てしては話にならないのである。

さて、そんなこんなのうちにお盆が近づき、次第に各家のお墓が気になりだした。墓地の総面積は相当なものだか

強風が吹いたら この辺で折れるだろう
という高さで繰り返し刈ると…
あまり伸びなくなる!
おお!! 画期的!
高刈り
根っこから毟り取らない草刈り法

ら、山全体の通気通水のためには放っておけない問題である。

以前にも紹介した「杜の園芸」の矢野智徳氏の指導を受け、じつは今回多くの墓地や周辺の土手、道などを「高刈り」にしてみた。墓掃除を年間に亘って頼まれているお宅には女房が電話で事前に許可をいただいたが、実際にはその周辺の草が伸びた墓地まで拡大して高刈りにした。鎌や草刈り機を使い、強風が吹いたらこの辺で折れるだろうという高さで刈り、刈り取った草もその場に丁寧に撒くのである。

矢野さんによれば、そういう刈り方を繰り返すうちに草の背があまり伸びなくなり、やがてはきれいな「くさはら」になって、草の影も増えるから苔も生えやすくなるらしい。

しかしこれ、檀家さんにとってはコペルニクス的転回を迫る変化に違いない。毎年お盆前に徹底的に草引きをする人々の中には、「誰がこんな中途半端なことをしてくれたか」と訝《いぶか》りつつ今年も見事に毟り取って行った方もいる。しかし一方で、草引きが面倒だと感じている人も多く、なかには墓地を石張りに改造しようなどと考える人もいる。更に通水を妨げるそんな改造がなされないうちに、なんとか墓地を「くさはら」にしたい。「くさはら」と訓めば草原も小規模でよさそうだ。それはおそらく阿蘇の草原《そうげん》よりも難しい試みだが、目指すのは「くさはら」に立つお墓。諦めず気長に説得を続けたい。

（二〇一七年九月）

五十　奉納演武

好《よ》く晴れた秋の日の午後、私はその人の来訪を楽しみに待っていた。以前からお寺の坐禅会に何度も参加し、顔も姿もよく存じ上げているのだが、今日は特別だった。彼が長年修練してきた真剣による演武を見てほしい、そしてその上で話したいというのである。

こうして演武と書いたが、これまで私はそういう言葉を使ったことがなかった。私も一応小学三年から町の道場に通い、中学、高校でも剣道部に所属した。昇段試験では木刀による「型」も披露しなくてはならない。しかし日本武徳院師範・黒澤雄太《くろさわゆうた》さん（二〇一八年、剣名を「龍雲」と改めた）の真剣による演武は、そんなものとは全く違っていた。すべてが真剣であればこその剣技であり、スポーツとして整えられた剣道とのあまりの違いに私は愕然としたのである。

黒革の専用ケースに入れて持参された三本の真剣は、どれも妖しいほどに耀いていた。本堂で真剣を見ながら話すあいだは、真剣そのものの持つ妖気にしか思いが及ばなかった。

さて演武、という段になり、天気もいいし、十一面観音さまを祀った観音堂の前がよかろうということになった。恰度《ちょうど》庫裏の改修工事のため、境内には多くの職人さんが来ている。彼らにも見てもらおうと思いつき、午後三時半に観音堂前に集合をかけたのである。

普段は黒澤さんの弟子が準備を手伝うのだが、今回は若い大工さんとうちの若い和尚に手伝ってもらった。一晩濡らした藺草《いぐさ》の束を十本以上車から運び、なんとか時間までに専用台もセットし終えた。たまたまお墓参りに来た夫婦をはじめ、お堂の前には大工さん・基礎屋さん・ポンプ屋さん・電気屋さんなど二十人以上が集まった。いったい何が始まるのかと、みな黒っぽい道着と袴姿の黒澤さんを見守っていた。

濡れた藺草の束をセットする弟子がいないため、次のセットが多少ぐずついた点は否めない。地面がやや凹凸のある草原であったため、足場も良くはなかっただろう。しかし演武が始まると、夕日を浴びたお堂前は何とも言いようのない空気に包まれた。おそらくそれは、黒澤さん自身が真剣と一体になって発する気だったのだろう。どれほどの間か定かではないのだが、我々は不思議な時空の中に取り込まれた。

なにより剣道と違ったのは、「打つ」のではなく「斬る」ことだろう。剣道では、「打つ」ためにその瞬間に集中し、「気合い」もその瞬間に声として発する。あるいは事前に威嚇めいて発する気合いも多い。だから打ったあとに一種の解放が訪れる。いわば一瞬、気が抜けるのだ。しかし黒澤さんの剣は、本当に「斬る」、いや、「斬り抜く」と言ったほうが正確だろう。想定される人間の胴はそう簡単に切れるものではないため、それは瞬間への集中ではなく、集中の持続なのだ。集中が充分に高まってから動きだし、それは濡れた束を往復で切り抜いてもなお持続される。そして同じ集中の深みの中で、まるで「残心」を示すように気合いの声が響くのである。

黒澤さんは、「残心とは供養かもしれない」と話していたが、なるほどその声は哀しげにも聞こえた。

もともとは荒野の守り神だったとされる十一面観音に深く一礼し、演武は終わったのだが、私は青いスポーツカーで去っていく黒澤さんを見送ってから、あらためて武士道について考えた。

鋭い刃の真剣を持つからこそ人を傷つけない手立てを常に現実的に考える。それは『菊と刀』のルース・ベネディクトには理解できなかった武士の心ばえではないだろうか。もっと考えたい方は黒澤氏の著書『真剣』（光文社新書）をご一読いただきたい。

（二〇一七年十一月）

五十一　運慶展と六田《むだ》さん

車で東京に向かい、そこから伊豆へ行くというちょっとした小旅行をした。最近は隣県くらいしか車では出かけないから、珍しいことであった。

　じつは伊豆の知半庵というギャラリーで写真家の六田知弘さんの写真展があり、柄にもなくギャラリートークなど引き受けてしまった。しかも上野の東京国立博物館では運慶展が開かれており、その図録を撮った中心人物が六田さんなのだ。やはり六田さんにお会いするまえに、その展示は見ておきたい。そういうわけで大変な混雑にも拘《かか》わらず、上野経由での伊豆行きになったのである。

　運慶作の無著・世親立像の前で、私は釘付けになった。すべての像が、運慶の完成された技術と見事な心象描写

を証明していたのは間違いないが、なかでも無著・世親という唯識兄弟から漂う包容するような空気は、完全に私を包み込んでしまった。息子の湛慶作とされる鹿や犬の像と共に、それは伊豆に向かう車中でも脳裏から消えなかった。

夜九時すぎに伊豆大仁《おおひと》の知半庵に着くと、六田さんが出迎えてくれた。庵主の粟屋信子さんは翌日の客席にする椅子を近所の幼稚園まで借りに行った由。粟屋さんの用意してくださったアンコウ鍋に六田さんが火を入れ、我々は粟屋さんの指示どおり先に鍋をつつきながら話しはじめた。粟屋さん合流後は午前二時すぎまで宴が続いた。

六田さんとは去年の個展に言葉を寄せて以後のつきあいだが、その写真にはいたく刺激される。彼は被写体に向き合い、自分を虚しくして対象が映り込むのを待つという。そのためには「意識レベルを落とす」というのだが、なんだかまるで坐禅のようだ。

モノを見ても聞いても、我々は自分の脳内に出来上がっている複雑な地図のなかに瞬時にそのモノを位置づける。好き嫌いや価値判断も含め、それが何なのかわかった時点ですでに無数の思い込みが絡まっているのだ。瞬時に行なわれる時系列の配置を「排列《はいれつ》」と呼び、物語への位置づけは「経歴《きょうりゃく》」と呼ぶ。いずれも無著や世親による唯識学を経た考え方だが、そこでは無意識が二層に分けられ、自己本位の浅い無意識（末那識《まなしき》）と、人類共通の深い無意識（阿頼耶識《あらやしき》）があるとされる。六田さんは「意識レベルを下げ」、末那識も超え、いわば阿頼耶識の状態で被写体に向き合おうというのだろう。彼の写真が、見たこともないものを見せてくれる気がするのは、たぶんそういうことだ。

今回の知半庵での展示は、東日本大震災の被災地を歩いて撮りつづけたさまざまなモノたち。しかも背景から切り離され、すべてスケッチブックに載せて単独で撮られている。

単独で見せられると、なぜか美しいとさえ感じ、そのことに我々はたぶん戸惑う。浅いところで動きだした二つの価値観が、きっとせめぎ合うのだろう。しばらくすると今度は、築二百年という知半庵の部屋の中に置かれた状況が気になってくる。状況を省いて撮られた写真が、新たな状況に置かれているのだ。どんなに脱ぎ捨てようとしてもなくならない「状況」……、それが今回の展示のテーマだろうか。お堂から運び出された運慶の作品にもそれは感じたことだ。

六田さんが無著・世親立像を撮ったとき、たまたま大学時代の友人から電話があり、片足を切断したことを告げられたらしい。「仏像は特に意識が下がりやすい」という六田さんだが、そのときは特にそうだったようだ。

まるであらゆる状況を脱ぎ捨てたような無著・世親の写真を、後日写真集で見せていただいた。なるほど写真集ならば、どんな状況にでも持ち込める。

（二〇一八年一月）

五十二　猪目《いのめ》

以前、伊勢神宮にも「ダビデの星」があると聞いて驚いたのだが、当時はまだネット環境のない時代だった。ところが今や、検索サイトに「伊勢神宮」「ダビデの星」と入れてみると、二万件ちかくもヒットする。なかにはそれを以て、日本人とユダヤ人が同じ祖先だと主張するサイトもある。しかし私は、出てきたサイトを詳しく読むまえに、最初にその話を聞いたときの印象がどうしても甦ってしまう。

要するに双方とも「光」をデザイン化したのだろうし、こういうシンプルな造形の一致は、洋の東西に跨がっても起こるのではないか。つまり偶然の一致だと、私は感じたのだった。じつは初期の薬師如来坐像の造形なども、主な点を結ぶと星型が現れるのである。同じことがハート型についても言えるだろう。ハート型の起源は古代エジプトともギリシャとも言われるが、いずれにしても一般的には心臓を象《かたど》り（女性のお尻や胸の輪郭だという説もある）、愛情や恋愛感情のシンボルとして世界中に広まった。トランプの絵柄にハートを採用したのはドイツが最初だった。

しかしこれが、日本でも古くから使われたマーク「猪目」と瓜二つなのだが、この一致はどうなのだろう。

じつはこの「猪目」について、我が福聚寺の新しい唐破風《からはふ》の懸魚《けんぎょ》にあるのを見てあらためて考えた。どう見ても「ハート型」に見えるが、「猪目」と呼ばれるこの図案は何に由来するのだろう。玄関部分の責任者である鏡将行《かがみまさゆき》さんに訊いてみると、丁寧に教えてくれた。

どうやら起源は中国で、飛鳥・奈良時代に仏教と共に流入したらしい。日本でも古来、神社仏閣の装飾などさまざまな場面で用いられており、憶いだすだけでも懸魚や華鬘《けまん》、刀の鍔《つば》などのほか、神社の鈴の割れ目の両端もそういえば猪目型である。仏具だけでなく、一般の箪笥の金具にもよく見かける。

鏡さんは「火除け、魔除け」だと言うのだが、調べてみるとどうやら五行説が背景にあるようだ。十二支に四季を対応させると、冬は「亥・子・丑」に当たる。このうち「亥・子」は、五行では「水」に属する。因みに春は「木」で夏は「火」、秋は「金」で「土」は土用として各季節の間を埋める。

そうなると、猪目に限らずネズミの眼でもよかったのかもしれないが、ネズミでは神聖味がないし、生理的に嫌う人も多い。だから猪なのだろうか……。

いずれにしても「水」を象徴する「亥」は「火」に克つ、ということで、火伏せのシンボルとして採用されたようだ。そういえば、懸魚の上部に突き出た「樽の口」という装飾も酒樽の蓋からのデザインで、やはり火伏せの意味があるらしい。

お寺では毎朝「火徳《かとく》」回向をして火伏せを祈るのだが、それほどに火事を防ぐことがこの国では重要だったのだろう。うちのお寺でも定期的な防火訓練が義務づけられているし、万が一の場合に避難させる優先順位も決めてある。

そんなこんなで一応「猪目」の意味合いについては納得したのだが、どうしても最後に残る疑問は、猪《いのしし》の眼が本当にハート型に見えるか、ということだろう。

いや、その前に、唐の国際都市であった長安などに、西域からハート型が流れ込んでいなかったか、という検証も必要かもしれない。

特に仏教界で猪目が盛んに使われたのは、お釈迦さまがその樹下で成道された菩提樹の葉に似ていたから、とも言われるが、そうなると尚更、意味づけ

よりも形そのものの美しさを求めた結果とも思えてくる。ハートであれ猪目であれ、由来は定かじゃないが、今後も決して消え去りそうにない優美な形であることは間違いない。

（二〇一八年二月）

五十三　国土について

国土について考えてみた。最近は特に北海道などで、外国人が土地を買うケースが増えているという。外国に住む人でも所有できる土地がはたして国土と呼べるのか……、そんな疑問からである。

昔の日本人はその土地ごとに神さまがいて、そこに住むことは特定の氏神さまに守られることだと考えていた。だから氏子として氏神さまを祀るのは当然の義務だったのである。

しかし「信教の自由」とやらが喧伝されるようになると、そう考えるかどうかは個人の自由、ということになってしまった。日本人でさえそう思わない人が多いご時世、まして外国人ならそんなことを思うはずもなく、しかも彼らが買ってその土地の所有権を主張するなら、氏神さまだって居場所がなくなるに違いない。

こうした問題をなんとか回避できないものかと思い、私は『日本国憲法』を読んでみた。きっと憲法ならば、きちっと国土について規定してあるに違いないと思ったのである。

しかし、……ない。『日本国憲法』には、一行たりとも国土についての言及がないのである。

調べてみると、現在の憲法が成立する以前に提案された憲法私案のなかには、「土地ハ国有トスル」と規定する人もいた。しかしこの案では共和制が目指され、要するにスターリン憲法をモデルに土地や生産手段の国有化が考えられていた。

ポツダム宣言の受諾により、この国では領土の縮小が余儀なくされた。しかしもとよりこの国の憲法（大日本帝国憲法）には国土（領土）についての規定がなかったから、わざわざ憲法を改訂して領土を規定する必要はない、という立場の人さえいた。もしかすると当時は、また国土が増える可能性を想定し、改訂の際にも規定しなかったのではないか……。

一方で今の日本では、根本的な規定がないままに、土地についてのさまざまな規則が作られている。たとえば「大深度地下利用法」という法律をご存じだろうか。

以前、東京都で地下五十五メートルの深さに道路が完成したニュースに驚いた方もいるかもしれない。しかも地上に住む人々に充分なコンセンサスも得ないままに、である。そのことを合法化するかのように、この法律では地下四十メートルより下、あるいは支持地盤上面から十メートルより下は、公共の利用に関するかぎり認めるという。しかもこの法律の適用地域は全国ではなく、首都・近畿・中部の三大都市圏に限られる。その他の地域では、それが問題になるほど地下利用もないでしょうと、見くびったような話である。

たとえば井戸を掘る時も、大部分の本州地域や九州・四国などではどんな深さまで掘ってもかまわないが、今申し上げた地域では四十メートルまでしか掘れないということになる。水脈のことを考えると、やはり地下の使用についても一貫した考え方があるべきではないか。

一方で、東京駅の復元工事の際など、「空中権」を売って五百億円を作ったと言われる。その土地にはこの高さまで建てることが許されるというルールの元で、うちは二階までしか建てないという場合、上空の使用権を売り買いできるというのだ。買ったほうは、これ以上建ててはいけないという高さでも上積みして建てられる。まったくハチャメチャである。金次第のご都合主義と言うしかない。

私はだから、憲法に是非とも「国土」についての記述が欲しいと思うのだが、そう言ったら改憲派と呼ばれ、護憲派の人々から指弾されるのだろ

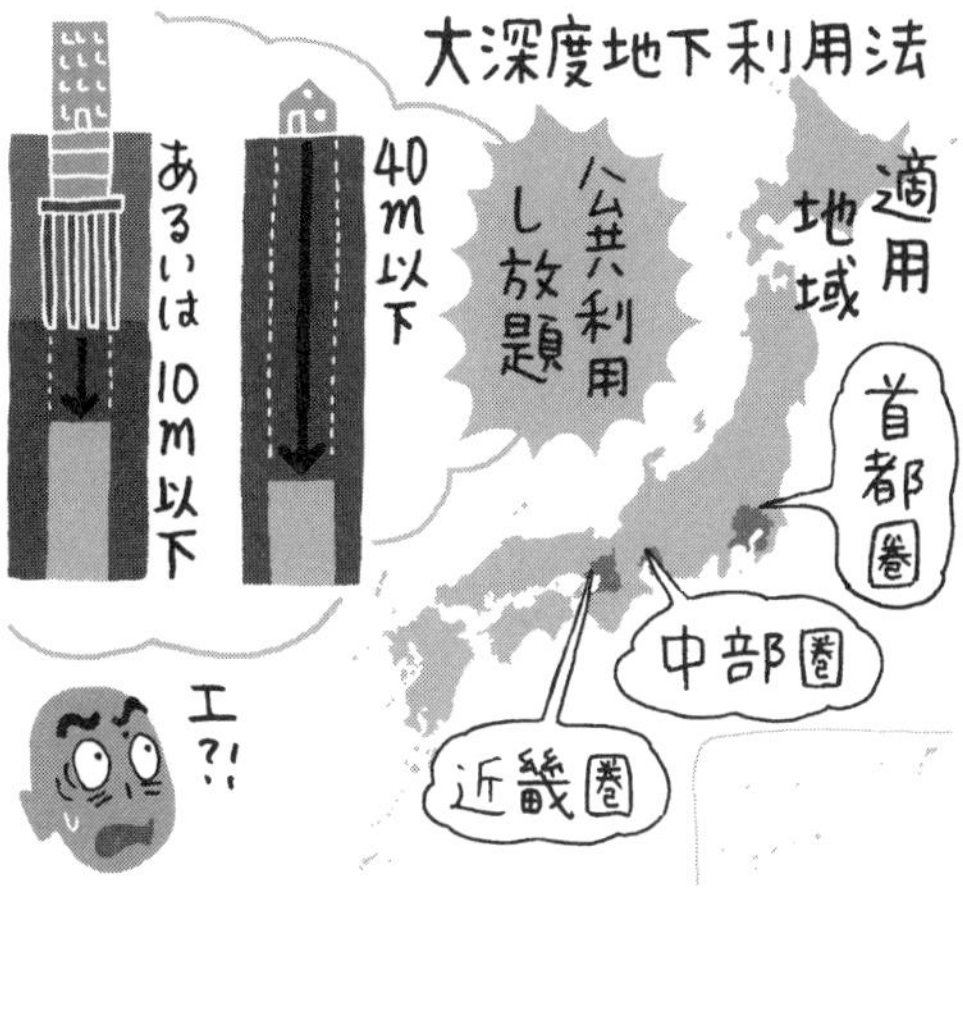

うか。九条以外にも現憲法の論点はいくつもあると思えるのだが、両者とも、もっと冷静に、もっと具体的に話しましょうよ。

（二〇一八年三月）

五十四　忖度と談合

うちの地方では法事などの墓参の際に、お墓で「だんご」を食べる習慣がある。最近は普通のお菓子のこともあるが、「だんご」が出てくると必ず誰かが子供に向かって言う。「このだんご食べると、頭がよくなるんだぞ」。

そこで私は、つい怺《こら》えきれずに呟いてしまう。「いや、だんごを食べても頭はよくなりませんよ」。そして振り返った人々に、「だんご」と「談合」の言葉遊びについて話すのである。

親戚一同が集まったこんな機会に、将来のことも含めてよくよく「談合」しておけば「頭痛の種がなくなる」→「だんご」を食べれば「頭が痛くならない」、と変化したわけだが、ここで止めないと原義がわからなくなる。嫌な役ではあるが、私はお墓で「頭がよくなる」というデマを聞くたびにいちいち修正しているのである。

言葉はかように変化するわけだが、以前はこの「談合」という言葉もまだ好感をもって受け止められていた。たとえば戦国時代の「談合」は戦に勝つためにも不可欠なこと。よくよく話し合うという「談合」に、べつに何の咎《とが》もあろうはずはない。

ところがこの言葉、建設業界に使われるやあっという間に悪い言葉に成り下がった。「談合請負」「入札談合」など、辞書的にも原義に迫る勢いだし、世間では圧倒的にそっちの意味で受け取られてしまう。「談合する人は、もう充分頭がいいんだよね」子供にまでそんな皮肉を言われ、もはや「談合」の原義の復権など諦めてただ嗤《わら》うしかない。本来的「談合」はすでに死語と呼んでいいのかもしれない。

さて最近は、「忖度」という素晴らしい言葉も瀕死状態にある。孟子の「惻隠《そくいん》の心」が性善説のベースだとも言われるのだし、他人の気持ちを推し量ることが素晴らしくないはずはない。

孔子先生も「己の欲せざる所は人に施すこと勿れ」と仰っているが、そうした信条を実

践するにも、まず「あの人はこんなこと欲しないかなぁ」「あ、逆にこんなことは喜ぶかなぁ」と、相手の心を忖度しなくては始まらない。惻隠（相手の不幸をあわれみいたむ）の心の背後にも、必ずや忖度がはたらいているはずなのである。

ちなみに、孟子が人間に生来具《そな》わっていると見た四つの心は、「惻隠の心」「羞悪《しゅうお》の心」「辞譲《じじょう》の心」「是非の心」だが、最初の惻隠の心が最も重要で、そこから恥じ悪《にく》む（羞悪の）心も、遠慮する（辞譲の）心も、善悪を判断する（是非の）心も派生してくると言う。

おそらく「忖度」は、「惻隠」も支えつつ、今後も重要な心のはたらきであり続けるだろう。ただ今回の「森友問題」では、性善説までは崩れないにしても、少なくとも「忖度」じたいが悪事を連想させてしまう事態は避けられないのではないか。それによって起こった公文書改竄は、とてつもない犯罪なのだし。

「こうすれば上司も喜ぶだろう」「これならもっと喜ぶに違いない」それは普通の勤め人だって仕事のモチベーションにできる立派な想像力だ。しかしそうして想いを巡らすまえに、どうして忌憚なく本人に「どうなの？」と訊けないのか。それなら半端な忖度は不要だ。

本当に喜ぶかどうかも分からないことを、そう思い込んでし続けるのは「独善」である。訊けば分かることを訊かずに憶測することも、正しい「忖度」ではあるまい。「忖度」は油断するとすぐに「思い込み」や「独善」に堕落し、惻隠もありがた迷惑になり、辞譲も押しつけに変わって是非も善悪も見えなくなる。
今回のことは、人間の性が「悪」に変わったのではなく、また「忖度」じたいが悪いのでもなく、ただ訊くに訊けない雰囲気のせいだと思いたい。私は霞ヶ関界隈のそんな空気の状態と、それによる内部被曝が何より心配なのである。

（二〇一八年四月）

五十五　しゃがむ土偶

夕焼け空にカラスが飛ぶのを見て、ふと「七つの子」を憶いだした。「カラス、なぜ鳴くの　カラスは山に、可愛い七つの子があるからよ」（野口雨情作詞）というあの曲である。そしてこれまた自然に、大学時代に中国から留学していた女性に聞いた話が久しぶりに甦った。彼女は「どうしてカラスの子が可愛いのか、理解できない」のだそうだ。成鳥であれ子鳥であれ、カラスはカラスだろうと思う彼女だが、日本語学習のために「七つの子」を覚えて歌わされ、摩訶不思議な気分になったというのである。

なるほど、彼女だけでなく、確かにあの真っ黒い鳥を好む人々は世界にも珍しいに違いない。アメリカでもヨーロッパでも、日本のよりちょっと小ぶりだが嫌われ者のようだったし、ハワイでは「カラスがいない」ことを自慢された。自力で飛んでこられる距離に大陸はないし、幸い船に潜んでやってきたカラスもいないという話だった。日本でも成鳥のカラスは間違いなく嫌われている。黒い羽根のせいか、頭の良さも「狡猾」としか思われないのが現状だろう。

昔から私は、もしもカラスが白かったらと、よく考えたものだった。あれほど頭がよくてしかも純白で美しかったら、人は見かけるだけで讃美し、日常的に讃美されればそれによって性格も大いに変わるのではないか……、白く輝かしい「賢明な」幸運の鳥として、カラスが人間界の福祉にさえ寄与することもあり得たのではないか……。それが私の繰り返し辿った推論であった。

しかしそんなあり得ない仮定で推論しても何も始まらない。むしろ日本人がなにゆえカラスでも「丸い目をしたいい子だよ」と見るのか、「可愛、可愛と鳴く」母カラスまで愛でるのか、その点こそ考察すべきだろうと思ったのである。

そう思ってみると、いやいや母ばかりではないのだと思い当たる。行基菩薩は「山鳥のほろほろと鳴く声聞けば父かとぞ思ふ母かとぞ思ふ」と詠んだし、芭蕉は「父母のしきり

しゃがむ土偶
福島市
母性そのものへの祈り…。
それは間違いないけど、この腕の組み方は謎です

に恋し雉子《きじ》の声」と詠んだ。鳥の親子の情愛に、よほど感心してしまったのだろうか。

思えば日本人は、「芽出たい」という植物の自発的な芽吹きを、「愛でたい」に置き換えた民族。植物でも動物でも、とにかく「芽出る」ことがとりわけ嬉しいに違いない。

そういえば縄文時代には「土偶」が数多く作られた。まだまだ謎の多い代物ではあるが、多くが妊娠・出産・子育てに関係するテーマで作られたのは間違いなさそうだ。

なかでも我が福島県の上岡《かみおか》遺跡（飯坂町東湯野）から発掘された「しゃがむ土偶」は面白い。江戸時代まで続いたとされる出産の姿「座産」なのか、あるいは幼子をあやす姿なのか、いずれにせよその造形には古代人が妊娠や出産に感じた神秘、そして祈りが凝縮されているような気がする。

幸い二〇一一年六月に国重要文化財に指定され（美術工芸品考古資料）、今では「じょーもぴあ宮畑」（福島市岡島字宮田78）という施設でじっくり対面できる。

二十世紀になってアメリカから入った「母の日」とカーネーションに文句をつけるわけではないが、時には国によって違う「母の日」など気にせず、古代から日本人が敬った「産土《うぶすな》の神」の原型として「しゃがむ土偶」に向き合ってみては如何だろうか。

自らの内部で他者を育む懐妊と出産こそ、仏教の「慈悲」のモデルでもある。きっとカラスだけでなく、「ミミズだってオケラだってアメンボだって」（やなせたかし作詞『手のひらを太陽に』）みんなみんな生きているだけで友達なんだと思えるに違いない。

（二〇一八年五月）

五十六　ホトトギスとウグイス

裏山でホトトギスが、庭でウグイスが鳴いている。ウグイスはもちろん梅の季節から初々しく鳴きだし、今では﨟長《ろうた》けた声で「ホー法華経」どころかもっと複雑な鳴き方もする。時折、自分の声に酔っているのではないかと思うことさえあり、古来の「﨟長けた」という言い方がじつに腑に落ちる。

一方ホトトギスの声は、東北では五月末くらいから深緑の山に響きだす。冬の間はインドから中国南部あたりで過ごすらしいのだが、日本にも主食の毛虫が増えてくると渡ってくるのである。

日本語の鳥の名前は、特に最後が「メ」か「ス」である場合、たいていその上の部分は鳴き声なのだと聞いたことがある。たとえば「ツバ」メ、「スズ」メ、「カラ」スに「カケ」ス、という具合だが、なるほど単純に鳴き声で呼ぶという発想は日本人らしい気がする。

それならウグイスは「ウグイ」、ホトトギスは「ホトトギ」と聞こえそうだが、すぐにはそう思えない。特にホトトギスでは地域や時代でさまざまな物語が紡がれ、「本尊掛けたか」とか「テッペン駆けたか」、また「特許許可局」とも聞こえるらしいが、私の住む辺りでは「ポットおっつぁけた」（腹が破れた）と聞く習慣で、彼らの貪欲な食欲を表現したのだろう。子供のときにそう教わったせいかそれ以外には聞き取れないのである。

いずれにしても、ホトトギスもウグイスも姿をほとんど見せないため、鳴き声だけがやけに耳に届く。とりわけホトトギスは人が寝静まった夜中や明け方にもよく響く声で鳴くから、人の心を刺激したのだろう。

「不如帰」という表記は中国の故事に由来する。昔、中国の蜀《しょく》の国で農業を指導し、遂に国王になって「望帝」と呼ばれた杜宇《とう》という男がいた。後に山中に隠棲してから死ぬのだが、死後もホトトギスに化身し、農業を始める季節になるとそれを人々に知らせるため鋭い声で鳴き巡ったという。また故国である蜀が始皇帝の秦に滅ぼされると、杜宇のホトトギスは「不如帰去＝帰り去るに如かず＝帰りたい」と言って血を吐くまで鳴いたという。「子規」もホトトギスのことだが、正岡子規がそれを俳号にしたのはこの「血を吐くまで鳴く」一事へのこだわりである。全体として黒や灰色の多い姿だが、黄色いアイリングと赤味をおびた嘴だけが目立つため、そんな話もできたのだろう。

単純に何の思いもなく聞けば、「キョッキョ　キョキョキョキョ」だが、聞くだけで山の深さを感じるのは不思議だ。「目には青葉山ほととぎす初鰹」（山口素堂作）は、鰹好きの私には堪えられない名句だ。

暢気につらつら書いてしまったが、じつはホトトギスとウグイスが同じ時期に同じ山で鳴いているのはとても深い事情に依る。いや、事情があるのはホトトギスのほうだけか……。

ウグイスが﨟長けた鳴き声を響かせるのも、ホトトギスが夜討ち朝駆けで鳴きつのるのも、思えば求愛行動である。するとその結果、ウグイスもホトトギスも卵を産むことになるのだが、それは同じ時期じゃないと、ホトトギスとしては困る。ご存じ托卵のためである。

ホトトギスは自分で産んだ卵を自分では温めず、ウグイスの巣などに産んで飛び去ってしまうようだが、専門家の研究ではその成功率もそれほど高くはないらしい。ウグイスだって飛来を知れば威嚇するし、卵の違いに気づいてそれだけ落とすこともあるという。

キョッキョッ
キョキョキョ!!
テッペン
駆けたか!!
特許
許可局!!
本尊
掛けたか!!
ポット
おっつぁけた!!
ホトトギス
托卵

裏山にそんな不穏な気配を感じていると、思わず「赤ちゃんポスト」を憶いだした。やがて昔のお寺に大勢いた小僧さんたちのことも憶いだした。思えば昔から、人間といわず禽獣といわず、子育て放棄もあり、それを補うシステムもあったということか。

またホトトギスがけたたましく鳴いた。なにはともあれ、夏の到来である。

（二〇一八年七月）

五十七　池さらい

人「さらい」という場合は「攫い」と書くが、池「さらい」だと「浚い」になる。誠に日本語は厄介だが、先日その池浚いを久しぶりにしたので報告したい。

うちのお寺には何百年前からあるのかよくわからない池があるのだが、永年のうちに砂や有機物が沈殿するため、時々池浚いを行なう。

子供の頃は、そのとき獲れるタニシや鮒などが楽しみだった。今どきの若者に訊くと、タニシも鮒も食べたことはないようだが、当時はそんなものでもご馳走だった。タニシは味噌汁にも入れ、煮物も食べたが、鮒はたいてい甘露煮ではなかっただろうか。

昔の池浚いでは大勢が池に入り、それぞれ網など持って魚を追ったものだ。当然水はむちゃくちゃ濁り、あまり効率がいいとは思えなかった。その効率的でないところが愉しかったのだろう。

しかし最近の池浚いはだいぶ趣が違う。頼んだ業者は水を吸い上げるポンプを持参したのだが、そのまえに不思議な薬剤を散布した。「ネオナイト」という名前の薬剤は、水質浄化剤とされる。この白っぽい粉末を入れると、濁った水があっという間に澄み、底にはやや大きくまとまった泥が堆積するのである。

むろん、生物には害がないということなので全国に広まった。

この薬じつは島根県産で、シジミで知られる宍道湖などに濁水を流すことが許されないため、濁り水を澄ませる目的で開発されたらしい。瀬戸内海も排水規制が厳しく、主に西日本を中心に使われてきたようだが、東日本大震災以後は溜め池の除染などにも使われるようになった。泥水のままではポンプでも吸い込めない浮遊物が、この薬剤を入れると斑状に集合し、吸い上げやすくなる。しかも水が澄むため、排水可能な場所も一気に増える仕組みである。

薬剤を散布して水をよく掻き混ぜ、一晩置いてからポンプで吸い上げたのだが、今まで泥水で見えなかった魚たちが次第に姿を見せてきて楽しい。鮒、鯉、金魚、種類でいえばその程度だが、泥しか見えなかった池が澄んであからさまにその動きが見えはじめるのである。

そういえばこの池にはウシガエルもたくさんいる。ところがだいぶ水が少なくなっても、姿も見えないし、声も聞こえない。大柄なのにじつに敏捷だから、すでに陸に上がって隠れているのではないかと思っていると、案の定、ツツジの陰などで素速く動く大きな影があった。

彼らにすれば、自分の家か庭かと思っていた場所が、誰か知らない連中に侵されている。相当な危機感を持ったのではないだろうか。水が少なくなった池の中を、「キー」というウシガエルらしからぬ声を上げて敏捷に跳び去った。心のどこかで、この機会にウシガエルにはお引き取り願おうと思っていたのだが、思うだけ無駄だったことを知った瞬間でもあった。

吸い込むホースの口をあちこちへ運び、更には先がゴムでできたドライワイパーのような道具で汚泥水を掻き寄せ続けている。四十二歳だという彼は、もともとは山で治水工事のような仕事をしていたらしいが、最近になって水場の仕事をするようになったという。完全にウェットスーツを着た彼が終始池のなかにおり、長靴を履いた社長が汚泥の落下場

キー
うわっ
わし、もう30年以上
ここにいるんだけど、
あんたら何？誰？

所との間を往復する。しかも社長は、双方で冗談を言いながら、四人ほどの従業員と会話しつづけている。

私も昨日と今日は何度も何度も池までの道を往復し、その会話に加わって楽しい思いをした。そこで私は組織の長のあるべき姿を見せてもらった気がした。いわきの業者が県内各地に呼ばれる所以《ゆえん》でもあるのだろう。梅雨明けまえの清々《すがすが》しい時間だった。

（二〇一八年八月）

五十八　「陰翳」の功徳

陰翳といえば、谷崎潤一郎の『陰翳礼讃』を抜きにしては語れない。これは昭和八年に書かれ、前後半に分けて発表されたのだが、今読んでも、というより、今こそ非常に面白く読める文明論である。

建築や庭、器、食事、歌舞伎や能、そして化粧にも話題は及び、じつに幅広くまた奥深いのだが、簡単に言ってしまえばこの国の文化は陰翳のなかで培われたのだから、これ以上無闇に明るくしないでほしい、との警鐘でもある。

いま無意識に「無闇に」という言葉を使ったが、これは象徴的である。闇が無いということは、日本人にとっては熟考することも静慮することもなく、という浅慮と軽挙を意味する言葉だ。

漆器のことは英語で「japan」というが、谷崎氏はこれこそ燈明か蠟燭のあかりのなかで魅力が最大限に活かされると言う。谷崎氏ご自身の名文で、その魅力を味わっていただこう。

「漆器の椀のいゝことは、まずその蓋を取って、口に持って行くまでの間、暗い奥深い底の方に、容器の色と殆ど違わない液体が音もなく澱んでいるのを眺めた瞬間の気持である。人は、その椀の中の闇に何があるかを見分けることは出来ないが、汁がゆるやかに動揺するのを手の上に感じ、椀の縁《ふち》がほんのり汗を掻いているので、そこから湯気が立ち昇りつゝあることを知り、その湯気が運ぶ匂に依って口に含む前にぼんやり味わいを豫覚する。その瞬間の心持、スープを浅い白ちゃけた皿に入れて出す西洋流に比べて何と云う相違か。それは一種の神秘であり、禅味であるとも云えなくはない」

ああ、もっと読みたい、と思った方は、是非ご本人の本を御一読いただきたいが、ここではもう一つだけ、谷崎氏の指摘する「陰翳」の功徳を紹介しておきたい。

同書の後半で、谷崎さんは巴里から帰った人物の話として、欧州の都市に比べると東京や大阪の夜は格段に明るいという話を紹介している。「恐らく世界じゅうで電燈を贅沢に

使っている国は、亜米利加《アメリカ》と日本であろう。日本は何でも亜米利加の真似をしたがる国だ」。これが昭和初期の巴里帰りの友人の感想なのである。

また同書には、アインシュタイン博士が「改造」の社長に上方《かみがた》に案内されたときのエピソードも出てくる。汽車の窓外を見て、アインシュタイン博士が「あゝ、彼処に大層不経済なものがある」と言ったというのだが、「電信柱か何かに白昼電燈のともっているのを指さした」らしい。

特に感想は述べないが、この国が陰翳に鈍感になってきたのはどうも最近のことではないらしい。谷崎氏の文章は以下のように続く。

「どうも近頃のわれわれは電燈に麻痺して、照明の過剰から起る不便と云うことに対しては案外無感覚になっているらしい」

そして谷崎さんが嘆くのは、待合、料理屋、旅館、ホテルなどが電燈を浪費している状況である。四隅の影をなくすほどの照明には、日本美を感じないだけでなく、暑い。眺めのよい夏の涼み場所なども、明るいうちから過剰に照明されてしまうから涼しさを感じないというのである。『陰翳礼讃』は、「まあどう云う工合《ぐあい》になるか、試しに電燈を消してみることだ」と勧めて終わっている。

これまで自分が体験した最も明るい場所を振り返ると、パチンコ屋と、ある宗教の宿泊講座を憶いだす。二泊三日の講座の最終日に、前夜一睡もできないまま、皎々たる照明の下で何かを暗誦させられた。理性を奪われ、情も希薄になり、ああこれが「洗脳」かと思った覚えがある。オリンピックに向けて陰翳はますます減るだろうが、ご用心、ご用心。

（二〇一八年九月）

五十九　壁と三和土の魅力

建築用語には古来の和語もあれば、外来の言葉もある。代表的なものとしては、「塀」や「柵」や「門」などが中国伝来の漢語。どうやら外との仕切りについての日本人の興味は、中国人に比べると些か希薄だったように思える。そういえば「垣」なども戦国時代に「石垣」が一般化するまでは、「垣根」や「生け垣」など、けっして厳重に防護しようという意識は感じられない。

一方、「壁」は本来「かへ」と表記した和語で、意味から「処重」と当て字したこともあるらしい。要は間仕切りだけでなく構造材でもあったわけだが、和語があってこの国なりに発達したのも頷ける。

もともとこの国の壁は、土、漆喰、板、石などで作られたわけだが、明治時代になるとそこに煉瓦が加わり、さらに第二次世界大戦後にはコンクリートや石膏ボードも増えてくる。

戦後の建築を見渡すと、どうも日本の風土に合った建築技術や材料をないがしろにしているような気がして仕方がない。日本の風土とは、特に湿度の高さと地震の多さである。

今回の庫裡の改修工事もいよいよ大詰めを迎え、とうとう左官屋さんの壁塗りが始まった。設計の前田伸治先生とも相談し、壁は全て漆喰か珪藻土か聚楽壁になる。

それぞれの特長を活かし、湿度が籠もりやすい場所には吸湿性の高い珪藻土を使い、「陰翳」を重視したい場所は聚楽壁にしてもらうなどしたが、多くの壁は漆喰である。漆喰は最も耐久性があり、火事や地震にも強いだけでなく、天然の消臭効果もあるという。ただどの壁も吸気性吸水性などに優れ、湿度の高い日本の気候には合った壁と言えるだろう。すぐ近くに池を抱えた寺だから尚更である。

もう一方の耐震については、建築基準法上、新築ではまだ石場建てが認められず、また昔のような木舞《こまい》壁にできないのは残念だが、基本的には「揺れて戻る」木造の柔構造が活かされた木組みである。

ところで壁と同様、いやそれ以上に今回期待しているのが玄関の三和土《たたき》である。三和土とは「土、石灰、苦汁《にがり》」の三種類を合わせることから三和土と表記され、絶妙な堅さに敲《たた》き締めて作るから「たたき」と訓まれる。いわば一目で製法がわかるように付けられた名前なのだが、残念ながらこれを作り慣れている左官屋さんや庭師さんは少なくなってしまった。コンクリートでできていても「三和土」と呼ぶ時代なのだからどうしようもない。

本来の三和土は、土に混じる砂の量や粘土質の強さにも出来が左右されるから、どこの土でも通用する一定の割合があるわけではない。乾き具合も作ってみないとわからないから、とにかく試作してみるしかないのだが、そんな注文は来ないから試作の機会もないに違いない。

地下の土との間に空気と水分の行き来があり、しかも「爪痕がつかないくらい」の堅さが理想だと聞いたことがある。

以前の庫裡の三和土は色もよく、夏などはそこに立つだけで汗が引いた。しかも冬はやや暖かく、恰度庫裡の内側と外側を緩衝する場所だった気がする。

それにしても壁といい三和土といい障子といい、日本の家屋にはどうしてこう遮断の発想がないのだろう。中国発の「塀」や「柵」や「門」もこの国ではわざわざ透け透けに作ったりしてきた。

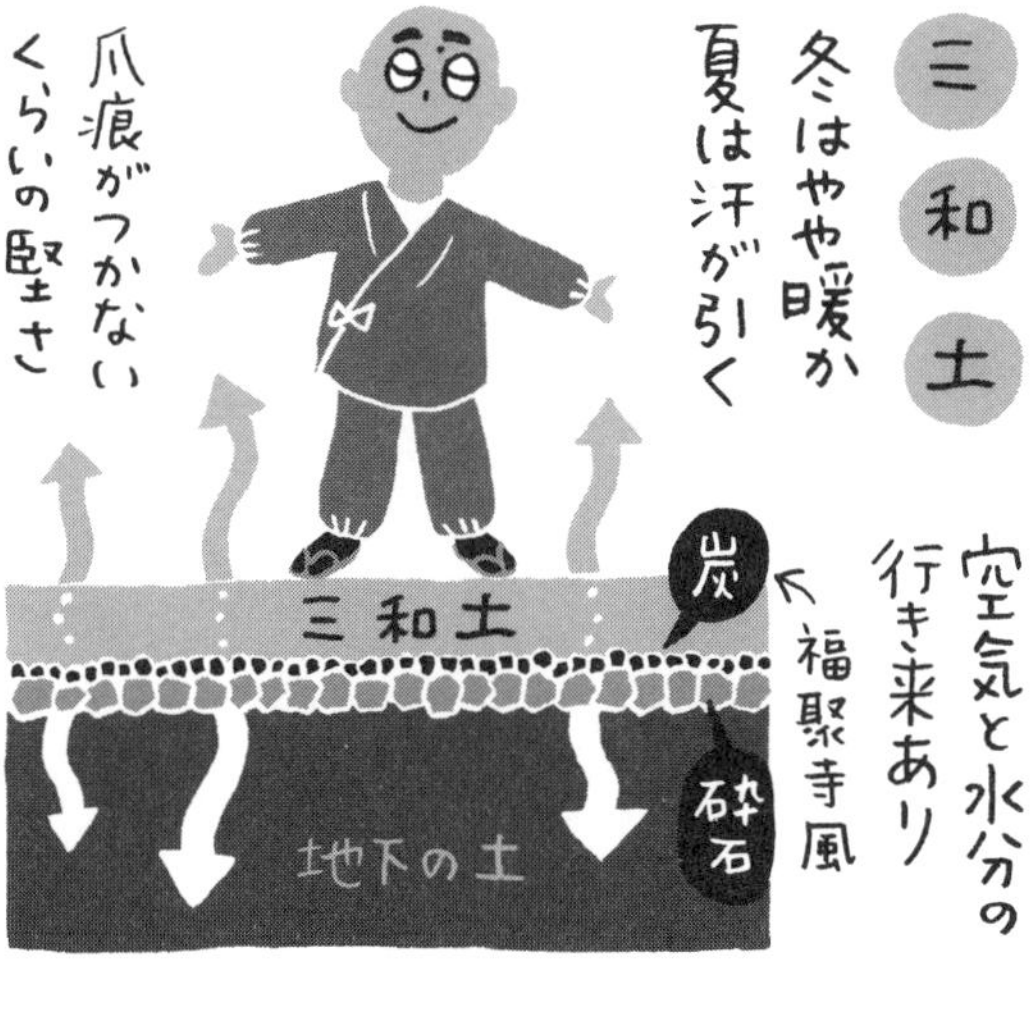

最近、建築基準法の改正で、「高気密・高断熱」を建築の標準にする動きがあると聞いた。いったいどこの国の話かと耳を疑ったが、どうかそんな莫迦なことはおやめいただきたい。お願いしますよ。

（二〇一八年九月）

六十　金と銀

その昔、金と銀とは対等で別な価値と考えられていた。貨幣に用いた基準も、西日本では銀本位、東日本では金本位だった。

両者を測れる共通の物差しはなく、金の価値観で見れば銀はくすんでいるが、銀にすれば金の光り方など嫌らしいくらいだろう。しかしそうして比べて競い合うのではなく、両者にそれぞれ別な価値が宿っていると見た。これは中国の思想書『荘子』に由来する「両行」という考え方である（三十九ページ）。

この考え方は、日本人のさまざまな面に浸透した。たとえば言葉も日本語は真名（漢字）と仮名の両行だし、私と公もすでに聖徳太子の頃から認知されている。「わび・さび」が生まれれば「伊達・婆娑羅《ばさら》」が生まれ、「粋（意気）」が賞揚されれば「通」も現れるという具合である。一つの価値観が生まれるとそれに一本化されるのを防ぐかのように、対になる価値観が唱えられたのである。

諺でも、「善は急げ」だけでなく同じ頻度で「急がば廻れ」とも言うし、「嘘つきは泥棒の始まり」と言いながら、「ウソも方便」とも言う。「栴檀は双葉よりも芳し」と言いつつ、「大器晩成」も同じように頻繁に使った。つまり日本人は、一つの原理を常に真理として奉るのではなく、状況のなかで最善の着地点をその都度探すという「直観」の文化を築いていったのだと思う。両極端を踏まえつつ、その間に最適な在り方を求めるこの生き方は、仏教の勧める「中道」にも適い、また考え方の違う相手への寛容さ、やさしさをも育んだのである。

金と銀に変化が起こったキッカケはもしかしたらオリンピックだろうか。とうとう銀は金の下に位置づけられてしまった。そしてオリンピックで勝つのと同じことが、次第に一般社会でも求められるようになった。「速く」「効率よく」「遠くまで」。それはオリンピックの美徳であると同時に、市場原理でもあるだろう。この国は近年アベノミクスと呼ばれる市場原理を最優先し、それさえ良ければ後は従いてくるとばかり盲進してきたが、そんななかで

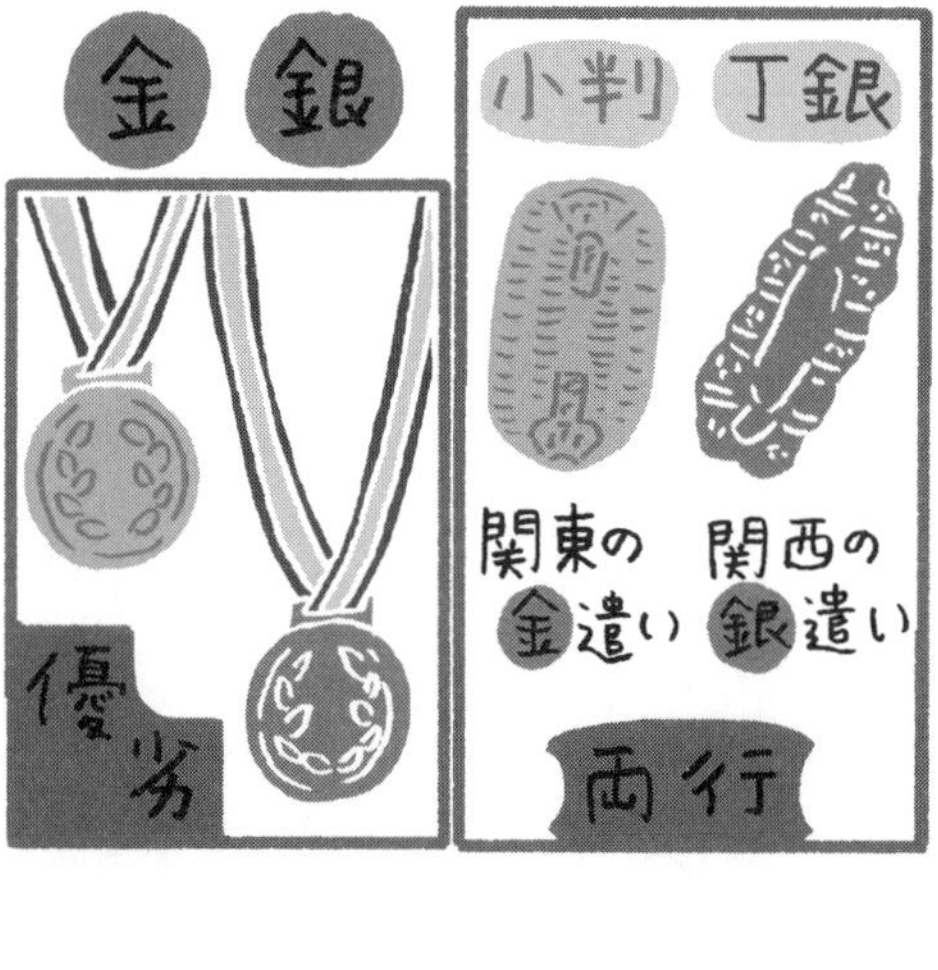

必然的に起こったのが今回の「障碍者雇用水増し問題」である。

模範を示すべき厚生労働省をはじめ、国や県の機関が軒並み数をごまかした。退職者や、視力が弱い人など、合計七千人を超える人々を恣意的に「障碍者」に算入していたというのだが、これは公文書改竄にも劣らない相当に根深く重い問題である。

弁護士らによる検証委員会は「極めて由々しき事態」だと指摘し、その原因も「(障碍者の)対象範囲や確認方法の恣意的解釈」だとしたが、そんなことが分かっても根本的な解決策にはならないはずである。なによりこの社会が、銀を金の下と見る社会に成り下がってしまったことが問題なのだ。「善は急げ」「ウソも方便」「栴檀は双葉より芳し」ばかりがもてはやされ、「ゆっくり」や「正直」、「大器晩成」などは見向きもされない。それはもう一種の優生思想ではないか。

一括りに「障碍者」と言っては申し訳ないが、そこには信じられないほど正直で博愛に満ちたやさしい人々が数多く属している。市場原理に照らせば確かに彼らは劣っているかもしれないが、問題は市場原理以外の価値観を我々の社会が忘れてしまったことにある。

最近は出生前診断でダウン症などが事前に分かり、その診断を受ける母親もどんどん増えているという。以前、ダウン症の子を若くして亡くした母親が話していた。「こんな子が、一家に一人いたら、世界から戦争なんてなくなると思いますよ。私みたいに幸せな体験が、今後はどんどんできなくなるんですね」
いぶし銀と言うけれど、それは金からすれば思いも寄らない価値観だ。金銀が「両行」できる社会こそ、目指すべきやさしい社会ではないだろうか。

（二〇一八年十一月）

六十一　さようなら

日本人の挨拶はとても味わい深いと思う。「こんにちは」では昨日までと違う今日が期待され、今日こそ心機一転また出直すことが促される。仏教的には「寂滅現前」で、昨日までの自分を寂滅させ、新たに生まれ直すのである。震災後は特にこれが身にしみ、悲しみから立ち直った人も多かったはずである。

「こんばんは」は、昼間とはまた気分を変えていいということだろう。外国人から見ると、日本人の昼と夜の姿は別人にも見えるらしい。ポーランド生まれでカナダ育ちのアメリカ人、ズビグネフ・ブレジンスキーは、日本での滞在経験から『ひよわな花・日本』を書いたが、日本人は昼はプロテスタントの如く、夜は地中海人のようだと述べている。連夜、よほど楽しい席を経験したのではないだろうか。

さてそれでは、別れの挨拶「さようなら」はどうか。

私は「こんにちは」や「こんばんは」も珍しくて好きだが、「さようなら」が一番せつなく美しいと感じる。

本当は、別れたくないのである。このままずっと一緒にいたいのだ。しかし相手の事情を聞いてみると、「左様なら」と諒解せざるをえない。たとえ心からは諒解できなかったとしても、相手の気持ちや事情を斟酌し、「左様なら」仕方ない、別れるしかないと、諦めるのではないだろうか。

「さようなら」はたぶん声のトーンが落ち、それでも落胆が露出しない程度に精いっぱい気持ちを保ちながら言った言葉ではないだろうか。

思えば私の仕事は、「さようなら」の連続である。

先日は満で二十四歳になってまもない青年を見送った。山が好きでわざわざ日本アルプスに近い信州大学に進み、山岳部に所属してあちこちの山を渉猟した。初孫だったため、祖父母にとても可愛がられ、祖父に連れていってもらった渓流釣りの影響で山好きになったらしい。大学卒業後は希望通り裁判所の事務官になり、この十一月には上級職である書記官の試験に合格したばかりだった。

その報告がてら十一月の連休には帰省して祖母を温泉に連れていき、妹の相談も親身になって聞き、台所の母の仕事も手伝っていたらしい。

独り住まいのアパートに戻り、その晩に好きな夜のドライブに出かけ、自宅前にはなんとか戻ったものの、車の中で心筋梗塞を起こした。検屍の結果、死亡推定時刻は朝五時頃だったようだが、実家に戻ってきた彼は、つい二、三日前と同じ寝顔だったという。ただ何を言っても答えてはくれず、もはや動くこともなかった。

葬儀では笑顔の遺影に向き合い、百人以上の同級生や山岳部仲間が見守っていたが、遺族にも友人にも「左様なら」と納得できる事情などあるはずもない。

これは自然災害と一緒ではないか。台風や地震、津波の被害と同じように、納得などできないまま受け入れるしかない。仕方ないと受け入れ、「こんにちは」の心意気で明日からまた生きていくしかないのである。

私は戒名に「青山」と「慈光」という文字を入れた。好きだった遠くの青い山は、「人間到る処青山あり」の「青山」でもある。つまり志を立てて故郷を出た青年が、死んでもいいと思える場所だが、彼はいち早くそこへ到り、優しい光をこれからずっと注ぎ続けてくれることだろう。

むろん、そんなことで「左様なら」とはきっと思えない。それはわかっていても、別れなくてはならない

のだから仕方ないではないか。

「冬山は寒くはないか慣れてるか　項《うなじ》を立てて山越えてゆけ」

私は自分自身を諦めさせるつもりで「喝」と大声で叫んだ。


（二〇一九年一月）

六十二　僧衣と運転

二〇一八年九月十六日、浄土真宗本願寺派に属する四十代の僧侶が、「僧衣で運転」していて福井県警に反則切符を切られた。「運転に支障がある衣服」を禁じた福井県規則への違反だというのだが、その後の県警の説明によれば、問題なのは僧衣そのものではなく、着方だという。僧侶はそのときくるぶし辺りまである白衣を身につけ、その上に袖丈三十センチほどの僧衣を着ていたらしい。県警としては、白衣の中で太腿や膝が密着していることや、袖がレバーなどに引っかかることに懸念を持ち、「運転に支障がある」（に違いない）と判断したのだろう。

それに対し、全国の僧侶たちの反発が「#僧衣でできるもん」とのハッシュタグでSNSに次々投稿され、ネット上でちょっとした騒ぎになった。検索してみると、全国各宗僧侶によるさまざまな芸が動画でUPされている。縄跳びやジャグリング、スケートボードに剣玉など、なかには僧侶ではないものの日本刀の抜刀術を法衣で披露する人もおり、全体としてはユーモラスで、海外からもその多彩な芸が讃美されたりしている。要は、僧衣に「慣れれば」こんなことまでできるのだから、運転に支障はありませんよ、との婉曲な主張である。

確かに、先の県警の説明を素直に聞けば、問題は着方と言うものの、結局は袖丈と長い裾そのものであるかに思える。そうなれば、袖丈が一般に一尺三寸とされる女性の着物だって問題になるだろう。白衣と和服の着丈《きたけ》は変わらないし、今回の袖丈は通常の和服より短い。

「僧衣」と一括りにするとわかりにくいが、僧衣にもいろいろあり、今回切符を切られた僧侶の服装は、最も簡易な「布袍《ふほう》」と呼ばれる道中着のようなものだ。七條袈裟を着けていたというならともかく、あの略衣でダメだというなら、あらゆる僧衣は許されないこと

になってしまう。僧侶たちはだから必死に抵抗しながら応援したのだろう。なかには祭服姿のキリスト教の牧師さんまで写真投稿している。実際、私にしても、この違反が認められてしまうと枕経や葬儀に何を着て行ったらいいのか困ってしまう。行った先で着替えるにしても、さすがに作務着では行きづらい場所もあるのである。

さて今回の僧侶は、じつはこの原稿の校正中に書類送検されないことが決まった。全国の僧侶たちの反応に県警が驚いたせいかどうかは知らないが、そもそも今回の問題には和服そのものへの無理解が伏流している気がする。切符を切った警察官の年齢はわからないのだが、相当動きにくいものと思っていたのではないだろうか。

臨済宗の本格的な法衣は、袖丈がおよそ七十三センチある。これは確かにばさばさして邪魔になることもあるため、運転やその他の作業中には「玉だすき」を掛ける。玉だすきとは、両袖の内側についた引っかけ紐で、一瞬のうちに両袖を背中側に集めることができる。宗派により、呼び方ややり方も違うが、それぞれ袖が引っかからないための工夫は、昔からいろいろしている。

また運転席に坐るまえには裾を上げ、お尻の下に余裕をもたせるなど、足腰が動きやすくなるような工夫も結構している。そうしていると、特に運転に不便は感じない現状なのだが、その辺は若い警察官の皆さんにご理解いただけているだろうか。

むろん、これを機会にもっと動きやすく格調も失わない法衣が発明されるならそれも悪くはない。しかしまずは現状を理解していただき、和服や法衣が外から見るより随分動きやすいのだ、ということをご理解いただくことが先決だろう。僧侶たちのＳＮＳ投稿も、そうした観点で笑ってご覧頂ければ嬉しい。

どの国にとっても民族衣装は大切な文化だし、今よりもっと多くの人が着るようになってほしい。安全運転はむろん大切だが、着物という日本文化も守られていくことを望みたい。

（二〇一九年二月）

六十三　半僧坊

二〇一九年三月の初め、浜松市奥山の方広寺に出かけてきた。道場の先輩である安永祖《やすながそ》堂《どう》老師の晋山式《しんさんしき》（住職就任のお披露目の儀式）に随喜するためである。安永老師は天龍僧堂を出たあと、国際禅堂の師家《しけ》あるいは花園大学の教授として後進の指導を担ってきた。そこへ大本山方広寺から拝請があり、承諾して諸役を辞任し、今回の祝儀となった次第。天気にも恵まれ、早咲きの桜に彩られてじつに晴れやかな一日だった。

ところでこの方広寺には、ちょっと変わったお方が祀られている。半僧坊大権現《はんそうぼうだいごんげん》というのだが、何だかお分かりだろうか。

今や鎌倉の建長寺や野火止《のびどめ》の平林寺などにも勧請《かんじょう》され、ご存じの方も多いと思うが、もともとはこの方広寺の開山さまである無文元選《むもんげんせん》禅師（一三二三〜一三九〇）との因縁にまで遡る。後醍醐天皇の皇子であった禅師は、父君が崩御された翌年に京都の建仁寺に入り、さらに元王朝末期の中国に渡って奥義を究めたが、船で博多へ戻る途中に大嵐に遭う。強い風雨に帆柱も倒れんとしたそのとき、法衣と袈裟を身につけた鼻の高い「異人」が現れ、船頭を指揮し、水夫を励まして無事に博多まで導いたとされるのだが、これがどうも半僧坊らしい。

その後禅師が奥山六郎次郎朝藤《ともふじ》の招きで方広寺の開山になると、そこへ再び現れて弟子にしてほしいと請《こ》う。「素性が分からぬ」と言う禅師に「私は半僧です。人からも左様に呼ばれています」と答えたらしく、その後は採薪・給水など、あらゆる身のまわりの世話をして禅師が亡くなるまで仕え、禅師遷化《せんげ》の後は「私はこの山を護り、このお寺を護り、世の人々の苦しみや災難を除きましょう」と言い残して姿を消したとされる。

その後の方広寺ではたしかに護られているとしか思えない不思議な出来事が続き、明治十四年の山林火災でも開山禅師の関連施設や半僧坊真殿だけは焼け残ったため、海難除けや火伏せをはじめ、あらゆる功徳をもたらす鎮守として各地に勧請されていったのである。

さて、自ら「半僧」と名乗ったという半僧坊だが、いったい何者なのだろうか。建長寺には、半僧坊のお供だという烏天狗の像が何体も立っているが、つまり半僧坊は「天狗」だと示唆しているのだろうか。あるいは「猿田彦」という神の権化だという見方もある。

各所に残るその特徴を書きだすと、「長身」「白髪」「赤ら顔」「鼻が高い」「袈裟・法衣」などだが、素直に読めば、これは当時中国の禅寺で修行していた西洋人僧侶なのではないだろうか。十三世紀の中国には、すでに中近東や欧州からも仏法を求める人々が来ていた。

異人という言い方は、つい最近までは外国人に対して使った。「赤い靴」を履いた女の子じゃなくとも、である。それは「異国の人」の短縮形だと、言い訳するかもしれないが、じつは自分たちと相当違う容貌の人々を、同じ「人」とは思わなかったのだろう。おそらくそういう「異人」と見えた存在を、すでに室町時代に同じ修行者として受け入れた寺が方広寺なのだ。

後醍醐天皇の皇子であった無文禅師は、父君が追討を命じた足利尊氏が、その後醍醐天皇の菩提を弔うため天龍寺を建立したことをご存じだったはずである。夢窓国師の怨親平等の思想も知っていただろう。

それゆえか、方広寺にはかつてハンセン病患者のための病院施設もあった。山号が深奥《じんのう》山《ざん》というだけあって、懐が限りなく深いのだ。

安永老師は大学時代ロックに打ち込み、エリック・クラプトンのギターもコピーしていたらしいが、出家後は東西霊性交流にも熱心で、キリスト教徒との対話も重ねている。どう考えても、半僧坊の方広寺には安永老師こそ相応しい。鼻の高い、目の色の違う弟子もまもなく列を成すに違いない。

（二〇一九年五月）

六十四　敷地内引越し

　このところ、福聚寺は引越しで慌ただしい。そんなことを電話で答えたら、「えっ、お寺が引越しですか」と驚かれた。なるほど、通常は引越しといえば、別な場所に移り住むこと。まさかお寺が引越すとは誰も思わないだろう。実際、私が申し上げたかったのも、仮住まいしている文殊堂という建物から改修成った庫裡への引越しで、同一敷地内、同一番地間での什物の移動のことである。

　ただじつは大学生の頃、住んでいた東京の港区で、一夜にしてお寺がなくなってしまった場面に遭遇したことがある。確かに前日には厳然としてそこにあり、私も夕方通りかかって本堂の甍を眺めた覚えがある。しかし翌朝そこは礎石だけ残して空き地になっており、近所の人々が「いったいどこへ消えたのか」と、口々に言い合っていた。ヘリコプターなら何機で持ち上がるか、などと話し合う人々の横で、そんな爆音は聞いていないと、早起きのお婆さんが訴えていたものだ。ちょっと強烈すぎる話を挿入してしまい、すげなく本筋に戻るのも恐縮なのだが、今日のメインの話題は私のところの引越しなので頭を切り換えていただき、その寺がどうしてどのように消えたのかはじっくり別な機会に考えてみていただきたい。

さて敷地内引越しだが、これがそう簡単には行かないのだ。このところ、と申し上げたが、引越し屋さんに一日は手伝ってもらい、おもだった家具類は移動したのだが細かいものがたくさん残っている。毎日片道百歩以上の距離を何往復もして衣類や本やなんだか分からない古いものまで運ぶのである。そんななか、電話は設置してあったもののインターホンが今日はまだ文殊堂で鳴った。庫裡のほうに来てほしいと、言うのが間に合わないと、本堂を通過して八十歩ほど歩かなくてはならない。だいいち新しい庫裡の玄関周りは下駄箱も完成していないため、まだ大工さんの道具置き場だ。いったいどこから入ればいいのか分からない、という状況だったため、やっと今日、郵便受けや新聞入れも新しいインターホンの傍に移動し、文殊堂の玄関には「庫裡のほうへ」と案内する張り紙をしたのである。

そんな不備な状況のなか、私が足裏をこわばらせながら何度も本堂を通過していると、またピンポンが鳴った。出てみると、相談があって神奈川県から兄妹でやってきた檀家さんだった。

まだ誰も坐ったことのない客間に通し、火も入っていない火鉢の前で話を聞き、更には墓地まで同道しながら続きを伺ったのだが、要はお墓の跡継ぎがおらず、二人の娘たちも長男に嫁いでいるため、今後お墓はどうすべきかと迷い、考えあぐねて訪ねてきたというのである。

ご先祖さまを粗末にはしたくないし、両親が生まれた三春町との縁も大切にしたいと仰るから、私は迷わず敷地内引越しを提案した。

私の代になってからお寺には永代供養墓の「涬溟宮《こうめいきゅう》」を造った。お骨と位牌をセットで祀り、少なくとも月に一度は朝課の際にも回向する。今後のお墓の管理が不安なのは近所に求めても同じだし、それなら遠くとも自分の出自に関わる場所ならたまに訪ねることで何か発見があるかもしれない。同じ敷地内だから改葬許可証も要らない。そんな話をしたところ、早速二人ともそのアイディアを気に入ってくださったのである。

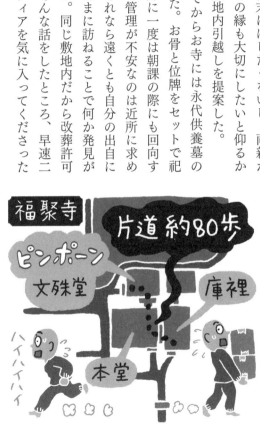

石屋さんの到着を待つあいだ、私は失礼して引越作業を続けさせてもらったのだが、二人は茶の間で積もる話をしながら時には涙ぐんだりしていた。「仲良きことは美しきかな」武者小路実篤先生の色紙なども憶いだし、私は荷物を運びながら咲いたばかりの庭先の牡丹を眺めた。そういえばこの牡丹も工事のために一度転地され、今年別な場所に植えられた。近所への引越しは牡丹にも悪くなさそうだ。

あ、またピンポン。ＰＣがまだ文殊堂にあるのが最大のネックだ。

（二〇一九年六月）

六十五　鱗敷《うろこじき》

お寺の改修工事も終盤にはいり、いよいよ境内の敷石を直しはじめた。

禅寺の敷石の基本形は「鱗敷《うろこじき》」といい、正方形の板石の角と角とを突き合わせて置く。歩幅が合わないと歩きにくいため、先代住職（つまり私の父）が改め、辺どうしを合わせて隙間なく敷いてしまった。

それなら無意識でも歩けるし、草も生えにくい。人に優しいやり方であることは確かだが、なんとなく緊張感がないし、土がないから吸水力も足りない。私はこの機会に元々の形に戻したかったのである。

鱗敷に直した石の上を歩いてみると、歩いていることがはっきり意識される。なるほどこれは「経行《きんひん》」あるいは「歩行瞑想」なのだ。歩きながら考え事をするのは難しいし、意識は自然に歩行じたいに向かっていく。おそらくそういうつもりで、鱗敷は禅寺に好まれたのだろう。

歩行瞑想的な意味合いを残したまま、たぶん小堀遠州の敷石は歩きやすい敷き詰め型と合体させた。つまり、鱗敷の石の間に角と辺を出逢わせる感じで、正方形の石を交互に挟み込んだのである。これは「いろこ敷」と呼ばれ、南禅寺の塔頭金地《こんち》院《いん》の庭が有名である。なぜ「いろこ」と呼ぶのかは知らないが、これだと鱗敷よりは歩きやすく、石の変化も楽しめる。歩行の意識も残っているはずである。

さて、ともかくも鱗敷に戻した石組みを眺めていると、私はその隙間に杉苔を植えたくなってきた。以前から境内に草を生やし、苔を植える作業はしていたのだが、去年墓地の土手に畳半畳くらい杉苔が自生しているのを見つけ、目をつけていたのである。

幸い今年の梅雨入りは関東並みに早かった。私は珍しくネットで天気予報を調べ、梅雨の合間に檀家さん二人に手伝ってもらって杉苔を植えた。予報どおり翌日は雨、その翌日も雨。雨がこんなに嬉しかったのは久しぶりのことだ。毎日変化する生きものを眺めるのはじつに楽しいものである。最近は杉苔を売っている業者もあるようだが、じわじわ増え

る喜びのほうが楽しみは遥かに大きい。

ところで今回の敷石には、以前から境内に使われていた花崗岩のほかに、石屋さんからいただいた大量の江持石《えもちいし》も使った。白河市のとある神社で石段を新調した際、四百年前の古い石は要らないから処分してほしいと言われたそうなのである。

四百年前に切り出した石と聞けば、石屋さんも勿体ないと思うから個人的な土地に置いてあったらしい。しかし実際にはなかなか使う機会もなく、女房や私が興味を示すと「使ってもらえるなら却って嬉しい」と、無料で分けてくれたのである。

江持石は須賀川の江持地区で取れる柔らかい石だ。真・行・草で分ければ花崗岩は真、江持石は行か草だろう。些かカジュアルな使い方が相応しい。鱗敷はむろん元々の花崗岩で敷いた。水汲み場の周囲にその古い江持石を配置していると、なぜか戦国時代の領土争いなどを想像していた。

折しも海上保安庁は、尖閣諸島周辺で領海侵入を繰り返す中国への対応強化のため、鹿児島港に特大巡視船三隻を配備することを決めた。今後は石垣島にも配備するという。

どうもこのところ、各国が軍備を強化し、特に南シナ海などの島嶼部の取り込みに躍起である。私が生まれてからこのかた、これほどあからさまに軍備を増強している時代はなかったように思う。

庭石がふいに領土の境界線にも見えてくる。そう思って見れば、鱗敷は最も戦略的。いろこ敷から敷き詰め型に向かうほど、平和で安定的に思えてくる。戦国武将を指南した禅僧たちの思いは謎だが、これも四百年前の石が生んだ「邯鄲《かんたん》の夢」だろうか。

（二〇一九年七月）

六十六　走馬燈

むかし修行道場にいた頃、だから三十年以上前だが、地上七メートルほどの木の枝から落ちたことがある。いや、枝からというより、枝ごとと言ったほうが正確だろう。栗の木の枝下ろしをご近所から頼まれ、雨が降っているのに大勢で出向いたのだが、その年に入った新到（新入の雲水）が私の立っている枝を、一所懸命切っていたのである。

むろん悪意があってのことではない（と思う）。新到は何をしていても四方から注目され、時に怒声を浴びる。びくびくしているから視野狭窄に近い状況になるのだろう。ただ、私がここで言いたいのは枝を切った雲水のことではなく、枝ごと落ちたときの不思議な体験のことだ。

おそらく傍目には、私が体勢を崩して地面に墜《お》ちるまで、せいぜい二、三秒程度だろう。しかし当の私のなかでは全く別な時間が流れた。

あとになって、あれが走馬燈というものかと思ったのだが、黒い縁のあるフィルムのようなものが、上から下へ次々に無数に流れ、私はその一つ一つに感情を揺すぶられるように見入っていた。正確なことは記憶にないが、そこに現れて消えた場面は、みな記憶に残っているような画像だった。おそらく数十枚はあったと思えるのだが、それが見え続けているあいだは地面に墜ちなかったのである。

もしかすると、死ぬ前に見えるという走馬燈のスイッチが、勝手に入ってしまったのだろうか。結局頭からではなく、右手の小指から墜ちたため、今でもその指は真っ直ぐ伸びないが命に別状はなかった。そして私はこの不思議な体験を、しばしば思い返すのである。

最近の脳研究の進歩で、一時記憶を司る海馬の仕組みがずいぶん解明されてきた。新しいことが記憶されると、歯状回という不思議な形の部分に新たな細胞ができるらしい。そしてそのとき、快感ホルモンと言われるβ－エンドルフィンの分泌が伴えば、一時記憶は永続的な記憶に変換されるのだそうだ。もしかしたら走馬燈とは、そんな永続化した記憶の台帳のようなものだろうか。

そんなことを考えたのは、じつはこの「うゐの奥山」の連載が今回で終了になる、それでこれまでの掲載紙面が忘れがたい川口さんのイラスト付きで甦ったからである。二〇一二年四月の掲載が最初だったから、もう七年半ちかくになる。最初は生活家庭面、やがて文化面に移れば延長できると、規定を大幅に超えて書かせていただいた。読者の皆さんにもよくもこんなに長くおつきあいいただいたものだと思う。

始まった時期が東日本大震災から約一年後だから、何を書いても震災後の風景や放射能の影が漂っていたかもしれない。「平成の大改修」と呼ぶお寺の普請も始まり、本堂の改修が終わってまもなく先住職だった父が亡くなった。その後はまた庫裡の改修工事が始まったから、人生上これほど多繁な時期もなかったのではないか。多繁であったがゆえに話題も多彩になった気がする。

「うゐの奥山」とは「いろは歌」に於ける人生の喩えだから、何を書いてもおかしくない、それが当初の思惑だった。振り返るとそれは、個々の記事は鮮烈なのに繋がりは妙に偶発的だと感じる。人生とはもしかしたら、偶発的な出来事を「うゐの奥山」にまとめ上げる営みではないだろうか。自分にも因果の

見えないその連なりは、他人にはたぶん「浅い夢」としか思えないだろうし、本人も時が経つとそう感じるのかもしれない。

　思えば毎回欠かさず素晴らしい絵を描いてくださった川口さんも、この間に三度も引っ越し、お母さんにもなった。幼い女の子を寝かしつけ、夜中に机に向かった日々も、今では夢のようだろうか。

　ともあれこの七年半の時間で、幾つもの体験が走馬燈台帳に追加されたのは間違いない。死なずにまた見ることはできないものだろうか。


（二〇一九年八月）

あとがき

ここに収めたエッセイは、二〇一二年四月からおよそ七年半のあいだ、東京新聞（および中日新聞、北陸中日新聞）に「うゐの奥山」として連載されたものである（前半は北海道新聞や西日本新聞にも掲載された）。読み返してみると、我が手に依るものながらじつに偶発的な要素の多い連載だったと思う。

当初「うゐの奥山」と名づけたのは、「いろは歌」における人生の比喩だし、どんな話もこのタイトルなら収まるだろうとの思惑だった。つまり初めからさほど統一的な主張があったわけではないのだが、現実は予想を遥かに超える荒波となって幾重にも押し寄せた。前年に起きた東日本大震災の余波を引き摺るなかで父が亡くなり、またほどなくお寺の改修工事も再開し、各地での講演や執筆や葬儀が重なることもしばしばだった。常に突発的な出来事に対応しながら「今ここ」まで来たのである。

思えば「うゐの奥山けふ越えて」というのは、こうしてしょっちゅう起こる不慮の事態への対処のことではないか。どんな心づもりでいても自然は常に想定を超えてくるから、初めの思惑など関係なく直観的に対処するしかない。そしてそのとき我々は、初めて「うゐの奥山」という思惑じたいが「浅い夢」や「酔い」の如く、我々を迷わせる桎梏《しっこく》だったと気づくのではないだろうか。

禅宗の僧侶が最も頻繁に唱えるお経は「大悲咒《だいひしゅ》」（曹洞宗では大悲心陀羅尼）、つまり千手観音の徳を讃えるお経である。「ナムカラタンノー　トラヤーヤー」という冒頭に聞き覚えのある方もおいでだろう。

多数の手や顔を具《そな》えた存在は、西洋では間違いなく悪の化身とされるだろうが、ヒンドゥー教や仏教の文化圏では崇《あが》められる。それは我々がいつだってイデアより現実を重視する証拠だろう。現実というか、自然への対処が切迫して重要だからこそ、変化身《へんげしん》である観音菩薩信仰も盛んになったに違いない。

我々の人生は、おそらく無限の変化への対処の連続であり、そのうち上昇しているのか下降中なのかも分からなくなる。つづら折れの道を車で進むと出発点からの高低が分からなくなるのに似ている。

折々の話題には、植物や動物も出てくれば石や風の話もある。仏教や禅、自然や宗教についても気がつくと書いている。むろん、震災後の県内の様子も報告したかったし、建築や土壌をめぐる考察なども近ごろの大きなテーマだった。それらの一貫性を問われれば、偏《ひと》えにこの我が身に起きたこと、あるいはその私が切実に思ったこと。それぞれが私の向き合った小さな「うゐの奥山」だったと思うしかあるまい。

しかし人は、千手観音にその手を統率する第三の眼を付けたように、もっと大きな人生上の「うゐの奥山」を幻想として求めるのだろう。そう、一つ一つの問題への対処が、巨大な「うゐの奥山」の頂上に向かうステップアップだと思いたいのだ。

禅的には「有為」なる世界でも我を忘れて没入し、遊戯《ゆけ》することで「無為」という別世界へ転入する。有為の奥山を越えるというのはそういうことだし、それは向上も向下もない世界への参入でもある。

当初の思惑はありながらも状況や相手の変化を見極め、その「なりゆき」を精いっぱい生きて遊戯するしかないではないか。それこそ、最初の思惑や現状認識を踏まえたうえで、今を生きる最上の道だろう。

とにかくこの本は、私がこの八年ちかく「なりゆき」を生きてきた歴史のようなものだ。それが巨きな「うゐの奥山」を登ることになっていたかどうかは、読者諸賢に判断していただくしかない。

ところで今回の上梓は、「なりゆき」と言うにはあまりに周到な多くのご助力をいただいた。川口澄子さんには単行本収録に際し、何点ものイラストに手を入れていただいた。またデザイナーの山原望氏には、組版も含めたブックデザインを請け負っていただいた。出版にあたっては筑摩書房の永田士郎氏にお骨折りいただき、編集全般はフリーランス編集者の磯知七美氏にお願いした。希有といえるこの度の連携にあらためて深く感謝申し上げたい。

なぜ？　と訊けばきっと彼らは「なりゆきで」と答えるだろうが、本当に「なりゆき」を直視して事を進めるのは面倒だし覚悟が要る。彼らの覚悟のおかげでこのような「なりゆき」を迎えたことが心底嬉しい。

千手観音の喩えはおこがましかったが、不揃いな文章と安定感のある川口さんの絵とをじっくりお楽しみいただきたい。正直なところ、私は自分の文章の完成より川口さんの絵が届くのが楽しみだった。時には絵を想像し、文章を変えたことさえあったくらいである。

最後になったが、東京新聞でお世話になった四人の担当者にも深く感謝したい。細川暁子氏、加藤木信夫氏、川瀬真人氏、水野泰志氏の各氏には、締め切りの督促から文章構成上のご意見まで、多くの刺激と支えをいただいた。またすべてはお声掛けいただいたあの時からの「なりゆき」でここまで辿り着いたのである。まるで津波でカナダまで流れ着いたハーレーのような長旅だが、時の潮流もまた大きな「なりゆき」だったことは間違いない。

令和二年春　福聚寺平成大改修工事落慶をまえに

玄侑宗久

初出　「東京新聞」　二〇一二年四月七日～二〇一九年九月八日
「中日新聞」　二〇一二年四月二十一日～二〇一九年九月三日

玄侑宗久《げんゆう・そうきゅう》

一九五六年福島県生まれ。慶應義塾大学中国文学科卒業。八三年、天龍寺専門道場入門。現在、臨済宗妙心寺派福聚寺住職。花園大学文学部仏教学科および新潟薬科大学応用生命科学部客員教授。二〇〇一年「中陰の花」で芥川賞を、一四年「光の山」で芸術選奨文部科学大臣賞を受賞。著書に、『禅的生活』（ちくま新書）、『荘子と遊ぶ』（ちくま文庫）、『やがて死ぬけしき』（サンガ新書）、『竹林精舎』（朝日新聞出版）などがある。

なりゆきを生《い》きる

――「うゐの奥山《おくやま》」つづら折《お》れ

二〇二〇年五月一〇日　初版第一刷発行

著者　玄侑宗久

発行者　喜入冬子

発行所　株式会社筑摩書房
一一一―八七五五　東京都台東区蔵前二―五―三
電話番号〇三―五六八七―二六〇一（代表）

印刷・製本　凸版印刷株式会社

©Genyu Sokyu 2020 Printed in Japan ISBN978-4-480-81553-8 C0095

乱丁・落丁本の場合は、送料小社負担にてお取替え致します。

本書をコピー、スキャニング等の方法により無許諾で複製することは、法令に規定された場合を除いて禁止されています。請負業者等の第三者によるデジタル化は一切認められていませんので、ご注意ください。

◉玄侑宗久の本◉

〈ちくま新書〉
禅的生活
玄侑宗久

禅とは自由な精神だ！　禅語の数々を紹介しながら、言葉では届かない禅的思考の境地へ誘う。窮屈な日常に変化をもたらし、のびやかな自分に出会う禅入門の一冊。

〈ちくま新書〉
現代語訳　般若心経
玄侑宗久

人はどうしたら苦しみから自由になれるのか。言葉や概念といった理知を超え、いのちの全体性を取り戻すための手引を、現代人の実感に寄り添って語る新訳決定版。

〈ちくま文庫〉
荘子と遊ぶ
禅的思考の源流へ
玄侑宗久

『荘子』はすこぶる面白い。読んでいると「常識」という桎梏から解放される。魅力的な言語世界を味わいながら、現代的な解釈を試みる。　解説　ドリアン助川

〈ちくまプリマー新書〉
死んだらどうなるの？
玄侑宗久

「あの世」はどういうところか。「魂」は本当にあるのだろうか。宗教的な観点をはじめ、科学的な見方も踏まえて、死とは何かをまっすぐに語りかけてくる一冊。